图解 **精益制造** *064*

打造最强工厂
的48个秘诀

GOOD FACTORY 最強の工場をつくる48の工夫

一般社团法人日本能率协会
GOOD FACTORY研究会 著

龙蔚婷 译

序　言

目前，汽车、电机/电子、衣服、食品等日本制造业纷纷将生产工厂转移到中国、东南亚等国家和地区。

在日本工厂向海外转移的进程中，一般社团法人日本能率协会（JMA）不断地在讨论、研究海外的日系制造业是否开展顺利，有没有遇到什么问题、课题，是否需要支援。具体可以分为三个方面：

①明确今后的海外制造工厂的理想状态。

②在现地的经营人员、生产技术部门、制造部门与总部各部门之间的协作下，顺利开展工厂的运营。

③和当地人员的协作中，提出能共同进步的对策（亚洲共同进步）。

针对这些课题，我们尝试建立起能支援海外日系制造业的工具。

其中一个环节，便是于 2011 年设立的 GOOD FACTORY（包含日本在内，亚洲范围内的优良工厂表彰制度）。这一表彰制度是对海外工厂的课题，梳理出各企业实施的对策，对良好的运营机制进行表彰的制度。

该奖项的评判重点是，海外工厂的流程革新是如何推进的，人才培养如何开展，与地区的联系怎么样，工厂运营达到什么水平，在哪些方面投入精力。

2017年是该奖项评选的第七年，托各家企业的福，日本国内外已有44家工厂获得该奖项，我们还对以海外工厂为核心的28家企业做了分析，从而汇集成了这本"最强工厂的48个秘诀"，很荣幸把这本书介绍给大家。

希望本书能对贵企业的"全球化展开"提供一些参考。

2017年10月

一般社团法人　日本能率协会

会长　中村正己

目　录
contents

序　章　如何成为"最强工厂" ·················· 001

第 1 章
在经营管理上下功夫，促进自立化

初创期　**秘诀 1**
　　　　明确高层的想法，公开愿景 ·················· 015

事例 1　将企业的理想状态明确化
　　　　日立金属　泰国 ·························· 015

事例 2　高层发布行动纲领的宣言
　　　　东风日产乘用车 ·························· 016

事例 3　以人文力及成就感的提升作为目标
　　　　NEC PLATFORMS　泰国 ················· 016

事例 4　全员参与是基本理念
　　　　电装　泰国 ······························ 017

成长期　**秘诀 2**
　　　　与当地员工共有化企业的愿景——建立起这样
　　　　的机制 ··· 019

　事例 1　在旗帜上，企业内刊中渗透愿景
　　　　　NEC PLATFORMS　泰国 ························ 019

　事例 2　通过徽章、简报传达社长的想法
　　　　　东丽　马来西亚 ································· 020

成熟期　**秘诀 3**
　　　　确定实现愿景的步骤 ······························ 023

　事例 1　分三个阶段战略性地开展
　　　　　东风日产乘用车 ································ 023

　事例 2　分领域进行自立化步骤的管理
　　　　　丰田汽车　泰国 ································ 026

　事例 3　分四个阶段制订技术领域扩大的计划
　　　　　日产汽车　泰国 ································ 027

成熟期　**秘诀 4**
　　　　当地经理亲自制订事业计划 ····················· 030

　事例 1　当地经理制订中期计划、年度计划
　　　　　电装　泰国 ······································ 030

　事例 2　当地经理设定具有挑战性的目标
　　　　　东风日产乘用车 ································ 031

事例3 让当地经理主持会议运营
　　丰田纺织　泰国 ·················· 032

事例4 优先召开当地经理的会议
　　NEC PLATFORMS　泰国 ·················· 034

事例5 由当地经理决定企业的目标
　　三菱电机　泰国 ·················· 035

成长期　秘诀5
针对改善情况，确定和员工达成共识的指标 ·················· 037

事例1 集团内以同样的指标对各公司进行比较
　　丰田纺织　泰国 ·················· 038

事例2 将各现场的目标可视化
　　丰田汽车　泰国 ·················· 038

事例3 全体员工对课题有共同认识，解决问题
　　东风日产乘用车 ·················· 040

成熟期　秘诀6
赋予当地经理部门业绩的责任与权限 ·················· 042

事例1 对努力的人进行认可的制度
　　日立金属　泰国 ·················· 042

事例2 将当地经理提拔为采购负责人
　　泰国　东丽 ·················· 043

3

事例3　组织的重新编排及对当地员工的培训

　　　　无锡　松下冷机 ………………………………… 044

初创期　**秘诀7**

　　　　把企业活动、委员会运营交给当地的员工，
　　　　并守护着他们 ……………………………………… 047

事例1　当地员工委员会对员工食堂进行改善

　　　　日立金属　泰国 ………………………………… 048

事例2　用誓师大会和纳凉节提高士气

　　　　大金工业　上海 ………………………………… 048

成长期　**秘诀8**

　　　　创建充实交流的"场合"及"机制" …… 051

事例1　**对话会及"1pm/1am会议"**

　　　　东芝信息设备　菲律宾公司 …………………… 051

事例2　**用意见箱和企业内部网交换信息**

　　　　富士施乐　深圳 ………………………………… 055

事例3　**用记录的形式将联系内容可视化**

　　　　丰田汽车　印尼 ………………………………… 057

事例4　**通过生日会及鼓励打招呼的形式构筑"和"**

　　　　日立自动驾驶系统　苏州 ……………………… 059

第2章
培养出有活力的组织，钻研如何推进改善

初创期　秘诀 9
　　首先，日本员工要做好改善的榜样 ………… 065

事例 1　明确改善的概念及要点
　　东芝信息机器　菲律宾公司 ………………… 066

事例 2　日本员工以讲师的身份培养负责人
　　广州松下空调器 ………………………………… 067

事例 3　培养能提升积极性的当地员工
　　日立金属　泰国 ………………………………… 067

初创期　秘诀 10
　　彻底实施并开展 5S 活动 ……………………… 070

事例 1　高层亲自指导
　　丰田纺织　泰国 ………………………………… 072

事例 2　实施体验型研修和安全对策探讨会
　　东丽塑料　深圳 ………………………………… 073

初创期　秘诀 11
　　将企业独有的改善手段标准化并渗透到每一个角落 …………………………………………… 075

事例 1　培养当地指导师的机制
　　大金工业　上海 ………………………………… 076

事例2 用共同的"基准"形成共同认识

丰田纺织　广州 ·················· 078

事例3 自下而上的改善提升生产效率

日立金属　泰国 ·················· 079

成长期　**秘诀12**

通过标杆线的改善积累成功的体验 ········ 081

事例1 在新设立的标杆线中设定较高的目标

大金工业　上海 ·················· 082

事例2 设定并跟踪标杆课题

东风日产乘用车 ··················· 083

事例3 创造出领先者的激励制度

日立金属　泰国 ·················· 084

成长期　**秘诀13**

参观其他的现场，促进改善的横向开展 ··· 087

事例1 在不同部门交流会中养成的多方面思维方式

东芝 ··························· 087

事例2 通过相互考察，推进改善

东丽　印尼 ······················ 088

事例3 参加质量监查活动及比赛

东芝信息机器　菲律宾公司 ·········· 090

事例4 通过企业发表会提升士气

日立金属　泰国 ·················· 091

目录

成长期　秘诀 14
　　将现场情况可视化，建立解决问题的
　　机制 ··· 094

　事例 1　设置能一目了然看出问题的管理板
　　　　　丰田汽车　印尼 ··································· 095

　事例 2　通过生产情况的可视化培养现场的负责人
　　　　　东芝信息机器　菲律宾公司 ················· 096

　事例 3　在日度会议中决定对策
　　　　　无锡　松下冷机 ································· 097

　事例 4　将作业人员的评价可视化
　　　　　日立金属　泰国 ································· 098

成熟期　秘诀 15
　　活用过去的质量数据，进行改善 ················· 099

　事例　　通过回顾过去的项目解决问题
　　　　　丰田汽车　印尼 ································· 099

成长期　秘诀 16
　　成立策划和推进改善的组织，培养专家 ··· 102

　事例 1　**成立专业组织，推进改善**
　　　　　丰田汽车　泰国 ································· 102

　事例 2　**成立专门组织，培养改善人才**
　　　　　大金工业　上海 ································· 103

7

成长期　**秘诀 17**
　　　　描绘三年后现场流水线的应有姿态……………106

事例　探讨愿景，具体地设定出 SQCD
　　　电装　泰国………………………………………106

成长期　**秘诀 18**
　　　　投产时要在再现性程度高的临时流水线中进行
　　　　模拟……………………………………………108

事例　用纸箱搭建临时流水线
　　　电装　泰国………………………………………108

第 3 章

提高组织力

初创期　**秘诀 19**
　　　　时常关注现场负责人的管理单位……………115

事例 1　通过重新审视管理单位，改善现场
　　　　丰田汽车　印度…………………………………115

事例 2　落实到管理单位的评价指标
　　　　丰田纺织　泰国…………………………………117

成长期　**秘诀 20**
　　　　及时掌握员工的不满，采取措施，

8

提高整体感 ………………………………………… 119

事例1　通过"课题提出管理板"提升员工的满意度

　　　　丰田汽车　印度 ……………………………………… 119

事例2　活用多种沟通渠道

　　　　丰田汽车　印尼 ……………………………………… 120

事例3　通过各种方法收集到的意见要和员工共享

　　　　富士施乐　深圳 ……………………………………… 121

成长期　秘诀21

明确日本员工的职责以培养当地的经理 … 123

事例1　日本员工是顾问

　　　　电装　泰国 …………………………………………… 123

事例2　通过协调员制度培养经理

　　　　丰田汽车　印尼 ……………………………………… 124

成长期　秘诀22

构建培养当地人才的体系，展示成长过程 ………………………………………………… 126

事例　提供包含所有层级、岗位在内的培训、训练场所

　　　　电装　泰国 …………………………………………… 126

成长期　秘诀23

无论日本员工还是当地员工，都要进行公平公正的评价 ………………………………………… 129

事例1　每月评价员工，并公布评价结果

　　　　日立金属　泰国 ………………………………… 129

事例2　重视双向的沟通交流

　　　　NEC PLATFORMS　泰国 ……………………… 130

成长期　**秘诀 24**

　　　　立于中长期的视角，持续地强化组织力 … 132

事例1　重新审视员工培训制度

　　　　东丽　印尼 ……………………………………… 132

事例2　为了强化组织力而实施的改革

　　　　东丽　中国南通 ………………………………… 133

事例3　完善经营管理体系，培训当地员工

　　　　丰田纺织　泰国 ………………………………… 134

第4章

培养自立的人才

初创期　**秘诀 25**

　　　　初期阶段要进行彻底的安全教育 …………… 141

事例　通过安全教育及自立化提高水平

　　　　丰田汽车　印度 ………………………………… 142

初创期　**秘诀 26**

　　　　初期每一个工序都要明确必要的技能，做好技

能管理 ·· 144

事例1 建立技能教育的体制及作业人员的技能管理
　　　雅马哈　印尼 ································· 144

事例2 通过培养全能型员工对应高水平的制造流水线
　　　东芝信息机器　杭州公司 ················· 147

初创期　**秘诀27**
　　　　派遣到日本的母工厂，体悟应有状态 ········ 149

事例1 改革要让员工接受，从而提升士气
　　　大金工业　上海 ································· 149

事例2 研修结束后要以改善专业人员的角色推进改善
　　　日立金属　泰国 ································· 150

初创期　**秘诀28**
　　　　建设"人才培养道场"，培养当地员工 ····· 152

事例1 全球通用的技能训练
　　　丰田汽车　泰国 ································· 152

事例2 能掌握正确操作的训练道场
　　　丰田汽车　印度 ································· 154

事例3 实践型研修"IE改善道场"
　　　雅马哈　印尼 ································· 155

事例4 改善指导师专职从事改善工作
　　　大金工业　泰国 ································· 157

初创期　秘诀 29
　　通过实践型研修提升负责人的改善力 ········ 159
　事例 1　**实践与利润相结合的自主研活动**
　　　　丰田纺织　泰国 ································· 159
　事例 2　**结合改善活动，自制设备、工具**
　　　　东芝信息机器　菲律宾公司 ················ 162

成长期　秘诀 30
　　展示职业生涯计划，提高员工的士气 ········ 164
　事例　**共享成长路径，真正地感受到成长**
　　　　丰田汽车　印度 ································· 164

成熟期　秘诀 31
　　创造当地经理自行解决人才培养课题的
　　机会 ·· 167
　事例 1　**由当地经理培养人才的体系化**
　　　　东丽　中国南通 ································· 167
　事例 2　**与经营相关的课题也交给当地经理**
　　　　东丽　印尼 ·· 169

成熟期　秘诀 32
　　通过支援教育、创办学校，为地区做贡献，
　　同时招揽优秀人才的机制 ························· 171
　事例 1　**培育作为东芝人的自豪与自信**
　　　　东芝信息机器　杭州公司 ··················· 171

事例 2　除了技术以外，还培养人文力的丰田社会贡献

　　　　丰田汽车　印度 ·············· 173

第 5 章
提高积极性的评价与活动

成长期　**秘诀 33**

　　高层亲自到现场，表彰改善人员的努力及创意 ·············· 179

　事例　高层与现场对话，建立信任关系

　　　　丰田汽车　印度 ·············· 179

成长期　**秘诀 34**

　　用积分评价改善提案，提高积极性 ·············· 181

　事例 1　评价基准、考核及工资的对应关系公开化

　　　　日立金属　泰国 ·············· 181

　事例 2　公开考核基准与结果，进行公平的评价

　　　　东丽　中国南通 ·············· 182

成长期　**秘诀 35**

　　用积分评价改善提案，提高积极性 ·············· 185

　事例　导入改善提案可兑换商品的积分制

　　　　日立金属　泰国 ·············· 185

13

成长期 **秘诀 36**

让当地员工研究评价制度 ………………… 187

事例 由当地员工干部及选出的委员决定评价基准

NEC PLATFORMS 泰国 …………………… 187

成长期 **秘诀 37**

导入资格制度，实现技能提升 …………… 190

事例 将核心人才的技能水平具体化

长野 奥林巴斯 ……………………………… 190

第 6 章
日常经营管理

成长期 **秘诀 38**

生产实绩的回顾及会议要严格遵守定时、定期召开的规则 ……………………………………… 197

事例 1 在定时会议中尽早解决课题

东芝信息机器 菲律宾公司 ………………… 197

事例 2 每两小时确认产品的质量

日立金属 泰国 ……………………………… 198

初创期 **秘诀 39**

创造让当地员工成为主角的机会 ………… 200

目 录

事例 1　在定时会议中尽早解决课题

　　　　NEC PLATFORMS　泰国 ················ 200

事例 2　吸取当地员工意见，改善企业

　　　　日立金属　泰国 ························ 202

初创期　秘诀 40

　　　　有可视化的意识 ························ 203

事例 1　及时地将整个部门的情况可视化

　　　　丰田汽车　泰国 ························ 203

事例 2　公布考核排名，反映到工资上

　　　　东丽　中国南通 ························ 204

初创期　秘诀 41

　　　　每一位员工都要诚恳地交流 ············· 206

事例 1　提供沟通交流的机会

　　　　东芝信息机器　菲律宾公司 ············· 206

事例 2　与现场每个人面对面的活动

　　　　丰田汽车　印尼 ························ 207

事例 3　创建全体员工能参与的机会

　　　　NEC PLATFORMS　泰国 ················ 207

初创期　秘诀 42

　　　　企业、工厂的高层在媒体上露面，提升

　　　　品牌印象 ······························ 209

15

事例 1	高层与总统会面
	东芝信息机器　菲律宾公司 …………… 209
事例 2	从媒体上获取素材
	丰田汽车　印度 …………………………… 210

初创期　**秘诀 43**

日本员工要有良好的行为举止，成为当地员工的榜样 …………………………………………… 212

事例　学习日本人的清扫，建立良好的环境

日立金属　泰国 …………………………… 213

第 7 章

开展 CSR，实现工厂的发展

初创期　**秘诀 44**

通过广泛的社会人士培训课程支援员工的人生规划 …………………………………………………… 219

事例　呵护员工心理的机制

富士施乐　深圳 …………………………… 219

成熟期　**秘诀 45**

CSR 活动是包括供应商在内进行支援 ……… 222

事例　与供应商共同发展的伙伴

富士施乐　深圳 …………………………… 222

目 录

成熟期　秘诀 46
为地区内有前景的人才提供接受培训的机会 ·············· 225

事例 1　打造以宿舍生活提高人性化的环境
丰田汽车　印度 ·············· 225

事例 2　培养能对国家发展做出贡献的人才
丰田汽车　印尼 ·············· 226

成长期　秘诀 47
将地区贡献纳入经营视野，践行绿色工厂 ·············· 229

事例　在世界范围内展开 CSR 活动
味之素　泰国 CANPENPET 事业所 ·············· 229

成长期　秘诀 48
捐赠学校，支援教育，使员工为企业感到自豪 ·············· 232

事例 1　教材、IT 培训的支援
东芝信息机器　菲律宾公司 ·············· 232

事例 2　设立奖学金制度，创办小学
富士施乐　深圳 ·············· 233

终　章　最强工厂的七大心得 ·············· 235

17

获得最强工厂大奖的企业一览表 ·················· 243

执笔人介绍 ···························· 246

结　语 ······························ 248

一般社团法人　日本能率协会
　　GOOD FACTORY 研究会 ················ 250

序 章

如何成为"最强工厂"

"最强工厂"

日本能率协会，一直致力于强化日本制造业的产品制造力，并从 2011 年开始，在亚洲地区导入了优良工厂表彰制度。

这一表彰制度，除了日本国内，还关注亚洲的其他国家、各个地区工厂的生产效率提升、质量提升，以及各种体制革新活动的事例，涵盖了实施过程、成功因素、现场指挥、企业人员的意识改革、对社会的贡献等广泛的内容，并将其中的成果作为日本制造业的模范进行发布和表彰。

"最强工厂大奖"是这一系列表彰制度的总称，截至 2018 年的 7 年里，共有日本海内外的 44 家工厂获得表彰。

最强工厂大奖由四部分奖项构成。

①产品制造流程革新奖

②产品制造人才培养贡献奖

③产品制造 CSR 贡献奖

④工厂经营管理贡献奖

各家企业的工厂、事业所，只要在上述奖项的某一个方面很优秀、有信心，就可以申请该奖项，这是最强工厂大奖的最大特点。"最强工厂"指的是能获得本大奖或者达到了获奖水平的所有工厂。

我们在这 7 年里，大量阅读了各家企业的申请资料，拜访和评审当地的工厂，每一次访问都对各企业的改革活动产生新的感动、惊叹，并发自内心地尊敬他们。根据积累下来的宝贵信息，从"最强工厂"的角度再一次思考，我们认为优秀的工厂应该都具备以下十个要素：

①有明确的理由开展改革活动

②高层对改革活动有强大的信念

③有计划地实施改革活动的管理循环

④全体员工能理解改革活动中要做些什么

⑤建立了有组织地实施改革活动的机制

⑥能持续地实施改革活动

⑦培养了能支撑改革活动的人才

⑧通过改革活动为所在地区做贡献

⑨用具体数值将改革活动的成果可视化出来

⑩通过改革活动，形成了互通有无的良好组织氛围

大部分工厂要达到这样的水平必定是很困难的。

但是，克服了各种各样的困难，在改革活动中取得成功的"最强工厂"事例，相信能对其他企业的工厂产生很大的参考意义。

要达到"最强工厂"应该思考的事情

第1章开始将会介绍"最强工厂"的开展事例及具体的秘

诀，但是参考这些事例，以让自己的工厂也达到"最强工厂"，很关键的一点是，不能全盘导入其他企业的事例，而是要融入适合自身企业的改善。

书中大部分的企业事例都是结合了当时的环境、情况进行钻研的结果，在导入自己的企业时，需要彻底看清应该重视哪些部分，哪些才是关键。要认识到，每一家企业的工序都是由独自的文化、传统以及历史传承形成的，在此基础上，努力使自己的工厂变为"最强工厂"。

到海外工厂任职的日本员工一开始应该做些什么事情，应该注意哪些事情等，要将工厂提升为"最强工厂"需要考虑哪些因素，我们先针对这些内容做一些说明。

确认工厂进驻海外的缘由，并共有化

一般来说，企业的工厂进驻海外以后，要达到"最强工厂"需要经过以下几个阶段。

阶段1：探讨中期经营战略、事业计划，并经过调研决定进驻海外

阶段2：确保用地，建设工厂，进行生产准备

阶段3：工厂开始运营，从初期投产阶段过渡到稳定运行

阶段4：从稳定运行的状态向"最强工厂"迈进

即使都叫海外工厂，有的日本工厂已经进驻海外二三十年

了,也有的工厂时间很短,只有一两年。无论哪一种工厂,首先都需要了解自己的企业是在什么样的经营战略下决定进军海外的,还有事业规划是什么。

一个海外工厂的事业领域、范围、零部件调配的流程、工序设计、工厂管理的方法、人才培养思路等,大多数工作的基础就是企业进入海外时的各项决策。在进驻海外时,如何向对象国和对象地区进行说明,当时有什么限制,都要做确认。不管进驻时间有多长,确认工厂的沿革、曾经发生的事、过去的活动对于思索今后企业的战略来说,都是必要的。

①生产机型、生产数量、新产品投产等的变迁

②员工数量及构成(包含派驻当地的日本员工)

③组织、体制的变换及管理周期等的变迁

④劳资关系/曾经发生的事情/法律限制的变迁

⑤人才培养的措施

⑥项目/现场活动推进的措施

⑦CSR 的各项对策/主题

⑧活动、福利等各项对策

这些项目都是在什么时候、什么情况下确定的,结果如何,都要做好确认。工厂运营的各项活动,在现场长时间工作的当地员工如果无法接受,就不能实现。所以这更需要梳理、掌握过去的情况。

而有的事情,派驻当地的日本员工是第一次接触,当地员

工却已经经历过了,这种情况下,就需要先学习派驻的工厂过去是怎么样的,从学习进驻海外的原因、历史开始起步。

经常讨论工厂的未来状态,并明确目标状态

大多"最强工厂"一定会做的一项工作是明确自己的工厂要达到什么状态,也就是未来状态。

日本企业开始积极地进入海外市场是在20世纪80年代中期,当初,作为大多企业应对日元升值的措施之一,为了确保更低的人工费用而将工厂建到日本以外的地区。

此后,随着应对全球化越来越重要,以及发展中国家的经济发展带来的市场潜力等,日本企业在海外建厂的脚步逐渐加快,使得海外工厂的目的、存在意义变得多样化起来,在海外开展业务的形态也有了显著的变化。

目前,无论哪个工厂,在集团内部都不是为了提升效率或者生产效率,而是要在进驻对象国、地区的自立化,以及成为全球经济核心方面发挥作用。在如此复杂的全球环境中,每一家工厂到底有什么目标,应该达到什么状态,都需要和员工共同讨论,明确希望实现的状态,让全部员工都形成共识。

明确工厂的目标状态,并明示出工厂的存在意义,对于在工厂里工作的人们来说,等于清楚地掌握自己的发展方向。销售额(生产量/产出)、利润等业绩目标自然是很重要的,然而

对于企业所追求的目标，如果员工能明确应对姿态，对工厂中长期运营能起到重要作用。

认清成长期，采取相应措施

到海外工厂工作的人员，不同的人有不同的意见。

"当地员工完全不按照指令""在日本行得通，在当地却行不通""当地没有人懂生产管理"等，日本员工在被派遣到当地之初，似乎遇到了很多课题。

但是，大部分企业都解决了这些课题，变革为"最强工厂"，成为"最强工厂"的各家企业，在面对课题时，屡试屡败，不断地尝试不同的措施。而采取的措施也因业务、工厂、地区、工厂发展时期的不同而有所不同，尤其是认清工厂的发展时期，极为重要，要不然即使措施是有效的，如果实施的时期不对，也很有可能产生反效果。

制定愿景、中期计划时，要让缺乏设立工厂经验的员工对主体进行研究的话恐怕比较困难。所以，即使想要尽早培养出当地的员工，也不能毫无目标地进行培训，而是先由日本员工进行示范，给当地员工示范，耐心地指导，才能促进他们的成长。要采取更适合现场的人才培养方式，要有计划地培养当地的指导师，建立起以他们为核心的培训体系。

要实现"最强工厂"，需要认清工厂所处的时期，一点一点地向下一阶段迈进。

本书从工厂投产开始,分为三个阶段——"初创期""成长期""成熟期",介绍了适合每个时期的经营秘诀。每个时期应运用的方式要点如下:

【初创期】

①确立产品制造的基本原则

②贯彻企业的理念

③首先,工厂要生产出"好产品"

但是,从创业开始到底多长时间算初创期,每个企业都有所不同,这一点有必要由企业自己来定义。

【成长期】

①大家对要挑战的目标形成共识

②为此,要有意识地采取几项措施实现自立化

成长期是为工厂独立运营打好基础的时期,做好从"接到指令,执行"的阶段,转变为"自己寻找问题/课题,研究对策"阶段的意识变化,是关键点。

【成熟期】

①要意识到主角是当地的员工

②认识到所有对策以当地员工为主体

成熟期是自立化的最终阶段，经过成长期，除了眼前的问题、课题，还是要研究范围更大的长期性课题，并逐渐培养制定战略、方针方面的能力。

本书将介绍成为"最强工厂"的48个秘诀，这些秘诀在什么时候导入是有效的，已经在标题中做了标注，如果能让大家有所参考将是我们的荣幸。

第 1 章

在经营管理上下功夫，促进自立化

大多数日本企业会将自己企业的愿景、政策明文化，以"宗旨""经营理念"的形式放入企业介绍、企业网站中。还有不少企业，会把这些内容放在早会上、大型活动中进行诵读。通过渗透企业理念，引导员工在工作时认识并知道应该努力的方向。

运营海外工厂的重要课题之一是，如何让当地员工运营好工厂。即使工厂在完工之初，需要日本员工，但几年以后，就需要让当地员工来经营了。为此，高层领导的想法，以具体愿景的形式进行传递，然后让当地员工理解，并形成共识是很关键的一步。

但这并不是一蹴而就的事情，要对高层的理念形成共同认识，需要想办法，下功夫，要思索如何能顺利地渗透到员工的心里。如果没有去钻研这一点，那么再好的愿景也无法让员工理解，更谈不上接受，只能是画饼充饥了。

日本企业在创办海外工厂时，最终瞄向的状态是由当地的人才进行运营。为此，在工厂工作的所有员工都要对目标抱有共同认识，有效运用工厂资源，以取得最大的成果。

成长为最强工厂的企业，它们的共同点有以下几项：

·将高层的理念以理想状态的形式明确地体现在愿景中

·想方设法与全体员工形成共同的价值观

·明确地展示出实现目标的步骤，步骤内容要易于员工理解

·由当地的经理研究、制订中期计划、年度计划

·确定全部员工都能理解的指标（KPI）

·将部门收益可视化出来，向当地经理授予权力，并让他们担当起相应的责任

·让当地员工参与各种委员会活动

无论哪个工厂，都不是一开始就能做到，每个工厂都有各自的课题，并逐个进行了改善。下一页开始，我们就来看一看各个工厂取得效果的秘诀与事例吧。

秘诀1 初创期 明确高层的想法，公开愿景

说到日本企业的宗旨、经营理念，上升到道德、高尚的层次的不在少数，但是对于海外工厂的当地员工来说，要尽量使用平实的表述。与其表达"对于企业来说重要的事情"，不如侧重于表达出"高层'希望变成这样'，同时对员工也很重要"的含义。

明确高层的想法，将愿景公开，是让员工理解该企业朝什么目标发展的重要因素。在运营工厂的过程中，有困惑、有烦恼的时候，回归愿景进行判断，就绝对不会走错。

现在来介绍一个制定了吻合当地情况的愿景的最强工厂事例。

事例1 将企业的理想状态明确化　日立金属　泰国

日立金属泰国公司是日立金属的全资子公司，他们的企业愿景是"**To Be Excellent Company**（成为卓越企业）"。

而"企业的理想状态（想达到的状态）"则为"**在泰国地区持续繁荣的企业**""**员工具有爱企业精神，成为员工不辞职的企业**""**员工想让自己的子女也入职的企业**"等内容。

事例 2　高层发布行动纲领的宣言　东风日产乘用车

东风汽车、风神汽车、日产汽车合资创办的东风日产乘用车，为了让三家企业各自构建的企业文化形成东风日产的文化，经营高层不断地开展建设性的讨论。

这当中，"没有文化的融合，难以打好经营管理的地基"便是"行动纲领"和"高层宣言"，"高层宣言"中提出 5 点内容，延续了三任掌舵人。

· 提倡促进工作文化，反对人为壁垒

· 提倡容许犯错的文化，创建自由阔达的沟通交流氛围

· 提倡有中长期的视野，反对仅做好任期内事情的思维方式

· 提倡革新进取，反对保守主义

· 提倡责任与奉献，反对"惧权利己主义"

事例 3　以人文力及成就感的提升作为目标
　　　　　　　　　　　　　NEC PLATFORMS　泰国

NEC 集团中整合了两家制造企业，合并后成立的 NEC PLATFORMS 泰国公司以"企业发展的源泉是人才培养"的思路，把提升人文力和成就感作为目标。由于是两家企业合并而

成，因此将"业务整合目的的共有化"与"尊重泰国人的自主性"放在极为重要的定位上。

该企业的优点以及应该努力的五个项目是"打招呼问好/服务精神""多技能""革新性发想""倾听/理解""努力"，将这五个词组的头一个字母组成"SMILE"，被定为企业的DNA（**图1-1**）。

事例4　全员参与是基本理念　电装　泰国

电装泰国公司将"全员参与的优秀工厂（Excellent Factory）活动"，即"以工厂为核心，全员参与，持续开展立足于现场的改善"作为经营的基本理念。

组织文化"SMILE"DNA 2009~2011年选为本企业DNA
放眼中长期，制定出的Company Vision

> Company vision:
> "To be a Leader of assembly manufacturing in NEC Group with high potential to produce various products and response to the worldwide business expansion"

- 实现这一愿景的该企业的DNA是？
  为了扩大企业优势，并延续到下一代，该企业以泰国人为主展开了讨论。
- 讨论的结果是，将企业优点和应该努力的项目的头一个字母组成"SMILE"。

S	打招呼问好/服务精神	Sawasdee – To build relationship Service mind – To satisfy the customer
M	多技能	Multi skills – Ready to face the changing situation
I	革新性发想	Innovation – Create new ideas – Continuous improvement (Kaizen)
L	倾听/理解	Listening Understanding Responding – Intended Listening – Insight in the conversation – Respond appropriately
E	努力	Effort – Attempt and commitment to work until completion – Action to achieve goal

图1-1　SMILE活动的DNA（NEC PLATFORMS 泰国）

要努力实现理想状态,便要时刻描绘"理想工厂",成长为"将今天的理所当然变为将来的理所当然",打造一个不断进步的现场,强化竞争力(**图 1-2**)。

"今天的理所当然变为将来的理所当然,打造'不断进化的现场',强化竞争力"

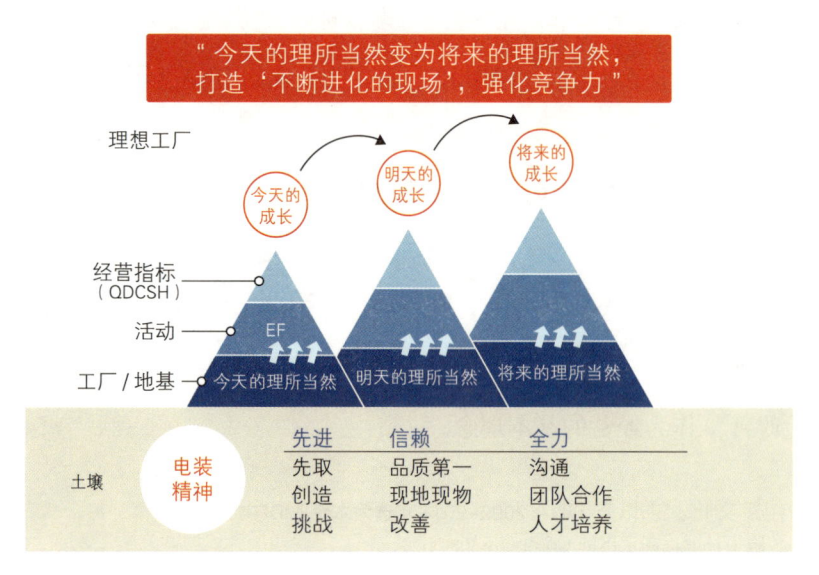

理想工厂

今天的成长 → 明天的成长 → 将来的成长

经营指标(QDCSH)
活动 —— EF
工厂/地基 —— 今天的理所当然 明天的理所当然 将来的理所当然

土壤	电装精神	先进	信赖	全力
		先取	品质第一	沟通
		创造	现地现物	团队合作
		挑战	改善	人才培养

图 1-2　理想状态"今天的理所当然变为明天的理所当然"(电装　泰国)

018

> 第 1 章
> 在经营管理上下功夫，促进自立化

成长期 秘诀 2　与当地员工共有化企业的愿景 ——建立起这样的机制

在秘诀 1 中，我们谈到将企业的目标状态以愿景的形式制定出来的必要性。

这不仅仅是用愿景在包装，而是需要对员工进行渗透，使得全体员工对其中的内容有充分的理解并执行。高层与日本员工、当地员工共同协作，使愿景深入当地员工的心中，便能产生企业的整体感。

要想集结全体员工的力量，需要让企业与员工形成共同的价值观，而要实现这一目的，很多企业举办多次的活动、组织集体行动。虽然各自在开展这些活动，但最终成功地成为最强工厂的共同点是"持续"。无论安排得多么用心，如果不能长久地坚持下去，就无法取得成果。用心与坚持是高层最重要的课题，希望大家意识到这一点。

我们举几个典型的例子，来看看如何形成共同价值观。

事例 1　在旗帜上，企业内刊中渗透愿景

NEC PLATFORMS　泰国

NEC PLATFORMS 泰国公司，在秘诀 1 中介绍了他们将

"SMILE DNA 活动"作为组织文化固化下来，制定了三个阶段，花费四年的计划。

例如，在休息区，挂上"SMILE DNA 旗"，在洗手间，张贴海报，在企业内刊中发表等等，用多样化的形式让员工任何时候都能意识到"SMILE"（图2-1）。

在洗手间等所有地方都进行张贴，实施启迪活动 SMILE DNA Flags

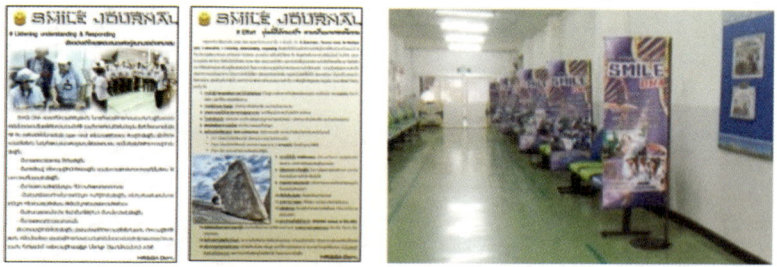

SMILE DNA Journals 2013–Now（10 versions）

图2-1 "SMILE DNA 旗"与企业内刊（NEC PLATFORMS 泰国）

事例2　通过徽章、简报传达社长的想法

东丽　马来西亚

2008年，就任东丽马来西亚公司总经理的 Teh 先生，为了让员工彻底理解四家公司成为一体的意义，进行了各式各样的意识改革活动。

制作标语、标志徽章

第一步,先制作了"Penfabric United(企业是一体的)"的标语,并分发了标志徽章。发到全体员工手上的标志徽章中写着"团队协作,一是身体,一是内心,一是方向",强调大家心往一处想,成为一个团队开展工作的重要性。

人事方面建立了相应的体制:总经理、副总经理以及四名工厂长都由当地员工担任,日本员工不直接下达命令,而是专注于支援。通过这一改变,明确了当地员工的职责、责任,并将"这是一家由我们自己运营的企业"的理念根植于他们的心中,让他们觉悟到这一点,迅速地推进企业的本土化(图2-2)。

意识改革活动及团队协作
Teh 社长及意识改革活动

团队协作
"Penfabric United (One Penfabric) "
"Team work.One body,One mind,One direction"

标志徽章

PENFABRIC
Teh 总经理

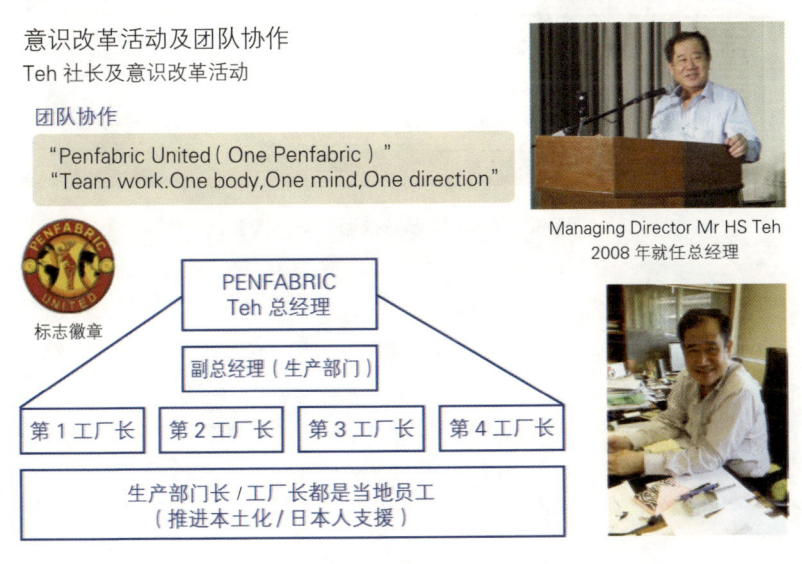

副总经理(生产部门)

第1工厂长 | 第2工厂长 | 第3工厂长 | 第4工厂长

生产部门长/工厂长都是当地员工
(推进本土化/日本人支援)

Managing Director Mr HS Teh
2008 年就任总经理

图 2-2 企业是一体的!(东丽 马来西亚)

CSR 简报的发布

第二步，是简报的发布（**图 2-3**），Teh 总经理上任以来，每周都会发布 CSR（Corporate Social Responsibility）简报。总经理自身"对经营的思考""课题意识共有化及连带感提升""归属意识的提升""从身边的事情、与企业外的交流中的发现"等等，和各类点评一起都刊登在这个简报中。这些饱含着总经理想法的信息，通过简报的形式和员工进行有效的沟通。

图 2-3　CSR 简报（东丽　马来西亚）

成熟期 秘诀3　确定实现愿景的步骤

明确工厂的应有状态，确定愿景，如果没有归纳愿景的经营，恐怕难以马上确定愿景的内容。以当地员工为主体制定的话，应该先探讨应有状态是什么，归纳为愿景的步骤要让他们理解，还要告诉他们实现愿景的过程。

几乎所有的最强工厂，都会设想出3~5个步骤来实现愿景，每一个步骤都严格运行PDCA循环。每一个实现的结果都要逐个确认，然后向下一个步骤努力，如果不这么做，就难以知道最终目标（具体状态＝目标），很有可能达成了某一个低水平的中途目标，活动就再也无法持续了。

具体的步骤展开，我们来看一下以下这些最强工厂。

事例1　分三个阶段战略性地开展　东风日产乘用车

东风日产乘用车用短短8年时间，就发展成为年产35万台的世界高水准工厂。在同企业的全球化据点排名中，已经连续两年达到世界第一，除了产量，产品制造的实力也达到了世界最高水平。

成长到今天这样的水平，该企业主要分"①基础阶段

(2002—2004年)""②学习阶段（2005—2007年）""③超越阶段（2008—）"这三个阶段来实施战略性的措施（**图3-1**）。下面，我们来详细介绍三个阶段的内容。

①只要是能做的事情，都要去做的基础阶段

在基础阶段（2002—2004年），只要是能做的事情，都会去实施。一般的企业，会直接导入日本的"○○方式"，但是该企业根据环境变化，对"○○方式"进行演化，作为全新的活动导入。

基础阶段的最后一年，2004年导入了方针管理，在全企业范围内引入现场管理的六大管理培训（方针管理、质量管理、设备管理、作业管理、成本管理、安全管理）。

②全面实施各种方式的学习阶段

2005—2007年定位为学习阶段，由于生产量的增加，2005年开始两班制生产，全面实施日产生产方式（NPW：Nissan Production Way）。2006年设立了基本技能研修所，正式开始着手提升全体操作员工的技能。

同时，导入IE（Industrial Engineering）手法，减少无价值的作业时间，彻底实施5S（整理・整顿・清扫・清洁・素养），通过开展危险预知训练为员工们灌输安全意识（5S将在第2章中详细介绍）。

③瞄准顶尖水平的超越阶段

2008年以后，以超越阶段为名继续开展活动。在QCTSM

（Quality、Cost、Time、Safety、Management）的领域中，以达到集团生产据点的顶尖水平，即标杆工厂为目标的全力加速阶段。

通过改善QRQC（Quick，Response，Quality，Control），致力于质量维持，特别是将一些年份定位一个主题，如"2010年是安全文化年""2011年是质量文化年"，不断加强员工们的安全意识、质量意识。

开展这些活动使得该企业在集团QCTP（Quality，Cost，Time，Performance）排名中连续两年获得第一名。

战略规划：广州风神导航计划—三个阶段

超越阶段
重点放在革新，将"学习阶段"中积累的经验固化下来，寻求突破。并在QCTSM的多个领域中，成为日产圈生产据点的标杆。

学习阶段
重点放在学习，通过标杆借鉴活动，系统地学习日产追滨工厂的各据点管理手法，在短时间内，将自身的QCTSM管理水平提升到与追滨工厂相当，成为中国生产据点的No.1。

基础阶段
通过持续实施"管理年"活动，导入裕隆及日产的现场管理理念，构建基础管理体系。

日产全球生产据点的标杆

- 超越阶段（2008—2012）
- 学习阶段（2005—2007）
- 基础阶段（2002—2004）
- NPW推进
- 标杆借鉴活动的推进

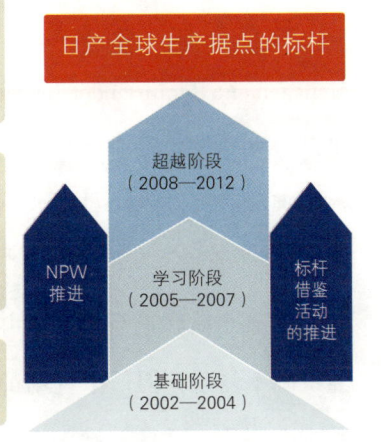

图3-1　向应有状态迈进的三个阶段（东风日产乘用车）

事例 2　分领域进行自立化步骤的管理

　　　　　　　　　　　　　　　　丰田汽车　泰国

　　丰田的海外生产据点和生产数量增加的过程中，丰田汽车泰国公司占据了亚太地区产量的一半，承担着产品制造领头羊的角色。培养制造产品的人才成为当务之急，此课题被该企业作为"自立化活动"之一，这也成为他们的一大特色。在经营管理方面，39名日本员工当中，只有三人担任总经理、负责生产的董事（EVP）、财务董事，其他的部门领导全是泰国人。

　　另一方面，在工厂运营中，还通过 PMR-S（Plant Management Requirement by Step）活动来实现工厂运营的提升。工厂自立化的阶段分各个领域（安全、质量、成本、保全、生产管理/物流、环境），分为"水准1. 生产不稳定""水准2. 生产维持""水准3. 生产稳定""水准4. 自立""水准5. 全球最优"的五个阶段进行管理，并努力达到最高阶段（**图3-2**）。虽然机制不复杂，但每个现场都按照阶段确定了应该达到的目标，并进行评价，这是关键。

水准	安全	质量	成本

水准	安全	质量	成本
水准 5 全球最优			
水准 4 自立			
水准 3 生产稳定			
水准 2 生产维持			
水准 1 生产不稳定			

图 3-2　自立化步骤（丰田汽车 泰国）

事例 3　分四个阶段制订技术领域扩大的计划

日产汽车　泰国

2004 年开始，日产汽车泰国公司在扩大业务时，不仅扩大了产量，还将技术领域的扩大放到了愿景的核心中，希望提升水平，泰国工厂起初希望依靠自己的能力独立制作模具，于是在日本人的支援下，掌握了技术/技能，并运用 JIT 方式努力缩短周期，从制作仿制零部件开始起步。该企业分四个阶段来扩大技术领域（**图 3-3**）。

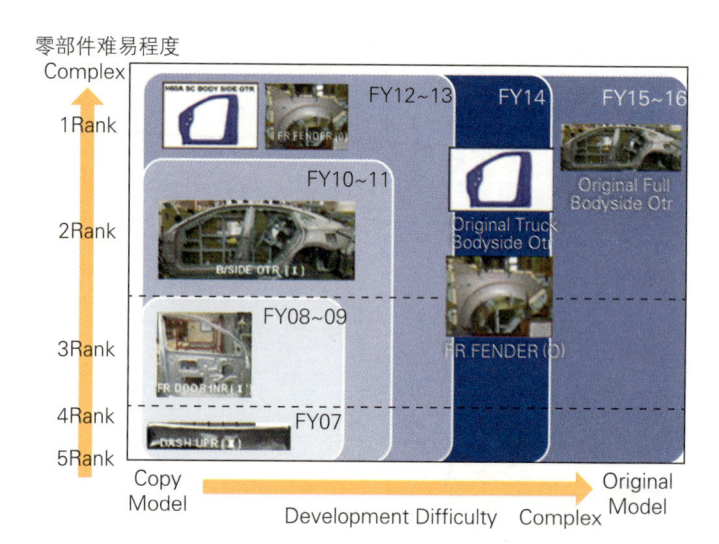

图 3-3 技术领域扩大的挑战（冲压模具制作）（日产汽车 泰国）

首先，阶段1（1989—1999年），阶段2（2000—2004年）中"生产计划管理""机械加工&组装精加工""试制&检验&质量提升技术"并行开展，虽说是仿制零部件，但逐渐掌握了靠自己的力量进行生产的技术力。

阶段3的2005—2009年，该企业为了成为全球模具制作据点，决定建设新工厂。以当时的技术力、主要的QCT（Quality，Cost，Time）管理项目，未实现目标，因此重新进行现状分析、SWOT分析，将目标明确化，制订了具体的活动计划，中期经营计划。

阶段4（2010—2012年）瞄准计划必须达成和缜密的进度管理。开发的难易程度没有大的变化，将零部件难易程度逐步从 5 级提升到 2 级，作为目标开展工作。在这一阶段，所有的目标都完成了，销售额也提前两年实现突破。

阶段 5（2013—2016 年）制订了向零部件难易程度 1 级挑战，各年度的目标是逐步向开发难易程度更高级别的创新零部件挑战的计划，2010 年起，向 B/SIDEOTR 冲压模具制作发起挑战。

要实现"成为全球模具制作的据点"的目标，每个员工都需要提升技能，该工厂的经营管理基本原则，是根据方针管理实现 QCT 目标，明确出实际生产时产品技术的难易度，揭示技术领域课题，让员工在应达到的技术、技能方面提升水平。

成熟期 秘诀4　当地经理亲自制订事业计划

只要日本员工是在过去的延长线上制订计划，当地经理就无法从"等待的姿态"摆脱出来。计划、管理永远都不会成为"自己的分内事"。以工厂运营为主体考虑的话，由自己制订计划是最好的。为此，凭借当地经理的智慧和钻研来制订"中期计划/年度计划"是最有效的。

此时，当然需要日本员工的培训、支援，但如果当地员工自己能制订计划，将让他们更有动力，日本员工则做好顾问的工作，以此创造出能发挥当地员工与日本员工智慧的机会。在这方面下了大功夫的最强工厂是怎么做的呢？

事例1　当地经理制订中期计划、年度计划

电装　泰国

首先，是从经营计划到工厂、部门的个别课题，当地经理都掌握到位，并自己制订中期计划、年度计划的例子。

电装泰国公司在制订中期计划时会召开脱产会议（周五晚上到周六一整天，两天一晚的集中讨论），收集意见，然后制订出第二年的计划。此时会横跨事业部，在质量保证、采购、生

产等，分 10 个职能、领域进行讨论。参与人员是经理以上的管理层，总之以当地员工为主体，日本员工为顾问的形式开展（图 4-1）。

当天讨论的景象　　　　　　职能/领域的讨论结果汇报

图 4-1　脱产会议的景象（电装　泰国）

下一步，由总经理对经理以上的管理层说明中期计划、年度计划、企业方针，事业部高层对经理以上的管理层说明基于企业计划的业务计划，分解到各个现场则由经理向一般员工进行说明。

事例 2　当地经理设定具有挑战性的目标

东风日产乘用车

东风日产乘用车公司在设定目标时有一个特点：不是将过去的实绩累加，而是先制定出"应有状态"，然后让当地经理设定具有挑战性的目标。

录用当地人才作为企业高层,以高层发布的"高管宣言"为基本理念,进行经营管理。跨越不同的阶段尝试自立化这方面可以为大家提供参考(**图4-2**)(参考秘诀3图3-1)。

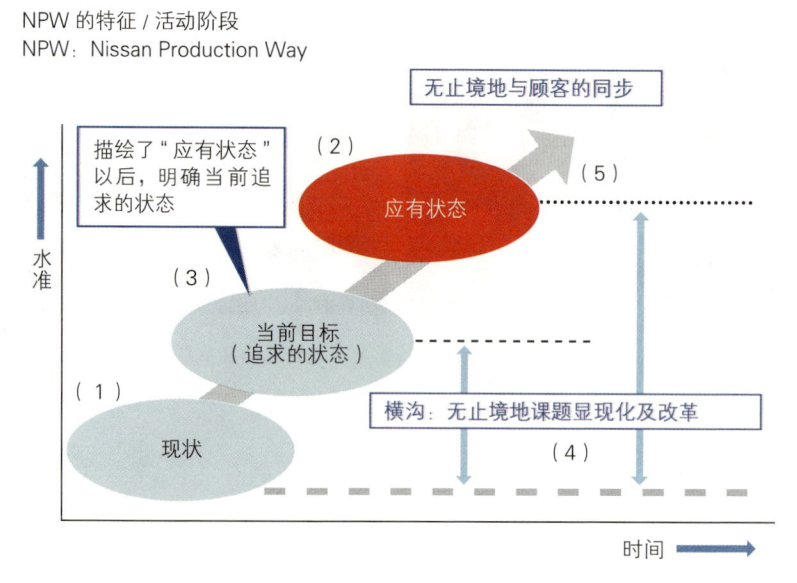

NPW 的特征 / 活动阶段
NPW：Nissan Production Way

图 4-2　NPW 的彻底化・方针管理 & 日常管理（东风日产乘用车）

事例 3　让当地经理主持会议运营　　丰田纺织　泰国

在运行会议,推进改善活动时,让当地经理具备主体性,自立地运行 PDCA,并建立起推进的机制,下述内容就是这样一个例子。

过去,丰田纺织泰国公司的本土经理能力很差,虽然能做好自己能力范围的事情,但对没有经验、先例的事情,则不愿意挑战，难以跨越这道无形的壁垒。因此，为了让现场人员提升发现问题，并改善问题的能力，该企业感觉到必须实施企业上下一体的方针展开活动，于是有组织地实施了"自主研活动"。

自主研活动是以当地经理为核心，自主进行研究的小组，以高层提出的课题解决为目标，明确生产线的改善方向，指导改善手法，由高层点检，以及和丰田汽车泰国的交流会中进行汇报的活动。

另外，高层通过接受地区战略，面向自主研小组，根据职能选出、提示课题，对自主研活动进行评价，保留优秀技术（文档化），并下达横向展开的指令（**图 4-3**）。

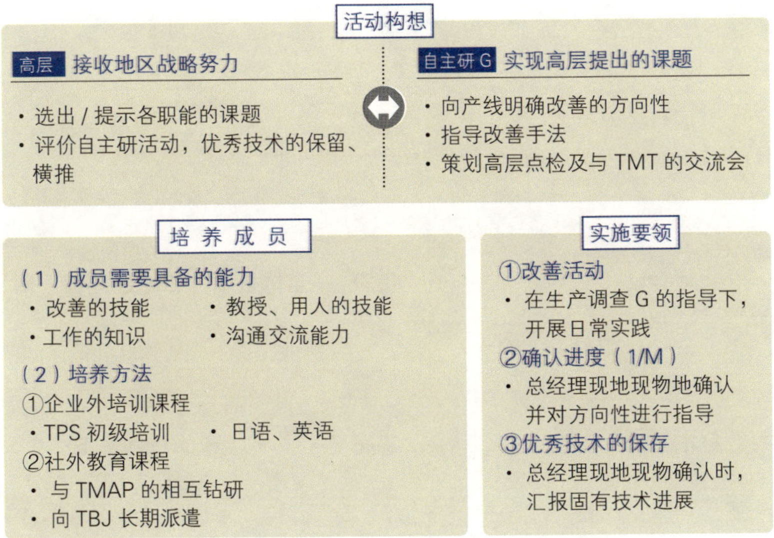

活动构想

高层 接收地区战略努力
- 选出/提示各职能的课题
- 评价自主研活动，优秀技术的保留、横推

自主研 G 实现高层提出的课题
- 向产线明确改善的方向性
- 指导改善手法
- 策划高层点检及与 TMT 的交流会

培养成员
（1）成员需要具备的能力
- 改善的技能
- 教授、用人的技能
- 工作的知识
- 沟通交流能力

（2）培养方法
① 企业外培训课程
- TPS 初级培训
- 日语、英语
② 社外教育课程
- 与 TMAP 的相互钻研
- 向 TBJ 长期派遣

实施要领
① 改善活动
- 在生产调查 G 的指导下，开展日常实践
② 确认进度（1/M）
- 总经理现地现物地确认并对方向性进行指导
③ 优秀技术的保存
- 总经理现地现物确认时，汇报固有技术进展

图 4-3　自主研活动（丰田纺织 泰国）

事例 4　优先召开当地经理的会议

NEC PLATFORMS　泰国

有的企业会在当地经理的会议之后，安排日本经理一起参与，确定最终决策的机会。

NEC PLATFORMS 泰国公司采用的机制是，首先召开由当地经理进行意见交流、讨论的会议（泰国经理会），然后会收集包含日本经理在内的意见，最终进行决策（**图 4-4**）。当地员工能自由地发表意见，对当地员工来说，就能逐渐建立起这家企业是"自己的企业"的意识。

集合名称	频次	出席人员
①泰国籍经理会议	隔周	全体泰国籍干部
②经理会议	每周	全体日本员工 + 泰国籍干部
③日本员工会议	每周	全体日本员工

图 4-4　决策的过程（NEC PLATFORMS 泰国）

事例5　由当地经理决定企业的目标　三菱电机　泰国

三菱电机泰国公司，在制订中期计划时，由从泰国籍的副科长到部长的50名人员组成的副委员会，在10月上旬~11月上旬召开会议，制订中期计划。以求从一开始就能够和各科室联动，设定活动的执行计划（方法、日程、负责人），确定各科室的目标。

通过由现地的副科长、部长制订全企业的计划，大家逐渐养成计划不仅仅是自己部门经理的事，而要全体员工共同思考的习惯。以企业整体的视角进行研究是这一活动的最主要特征。

关于年度计划，则会在5月初举行年度计划发表会。

年度计划发表会当中，会发布目标与活动内容，同时这是一个经理（科长）与部长共享课题的机会，在执行、目标实现上达成统一的认识，提升大家的士气（图4-5、图4-6）。

图4-5　副委员会召开会议的景象（三菱电机　泰国）

图4-6 召开年度计划发表会的景象(三菱电机 泰国)

成长期 秘诀5 针对改善情况，确定和员工达成共识的指标

在工厂有组织地推进改善，"积极开展改善""虽然推动改善的团队很少，但是在开展高质量改善""成员、参加人员很少，改善不能按照预期推进"等，总会出现各部门推进进度不一的情况。

如果不能合理地进行评价，那么即使为了积极推动改善而进行奖励，也对有效推进活动无济于事。

这种情况下，需要通过对各部门采用通用的指标进行管理，使活动进度可视化，以让整体进行比较。正确评价活动的结果或许很难，但要重视如何提升大家对改善的积极性。

大部分的最强工厂，会确定所有员工都能理解的指标（KPI＝Key Performance Indicator），并随时以相同的基准把握进度与成果，还设定了定期的管理进度情况的会议，开展具有速度感的活动，解决问题，另外对现场无法解决的技术性课题进行日常可视化。

事例 1　集团内以同样的指标对各公司进行比较

丰田纺织　泰国

丰田纺织泰国公司，采用的是与集团内的各企业的同一指标进行比较，通过和大部分工厂进行比较，把握自身企业的水平。持续开展这样的活动，就需要对标超过一般水准的工厂，不是设定恒定的目标，而是以更高水平为指向独立设定目标。然后朝着更理想的水平，明确挑战目标，保持应有状态。

设定评价 KPI 固然重要，但其根基是要脱离出单纯的"与其他企业进行比较"，要激发大家向进一步的高度去努力的积极性。正确理解 KPI 精神，导入 KPI 评价方法，才有可能转变为一直以革新为目标的工厂。

该企业设定的 KPI 有"劳务体质……人工费/人、稳定率""生产效率……劳动生产效率、设备生产效率""交付质量……不良件数/年"等（**图 5-1**）。

事例 2　将各现场的目标可视化

丰田汽车　泰国

丰田汽车泰国，在实施工厂运营时很注重自立化水平。自立化在六大领域（安全、质量、成本、保全、生产管理/物流、环境）各自都明确展示出达成的状态，并确定各年度目标、开

生产效率（与 TB 集团各企业的对比）

劳动生产效率（能率……工序）

设备生产效率（INJ GSPH）

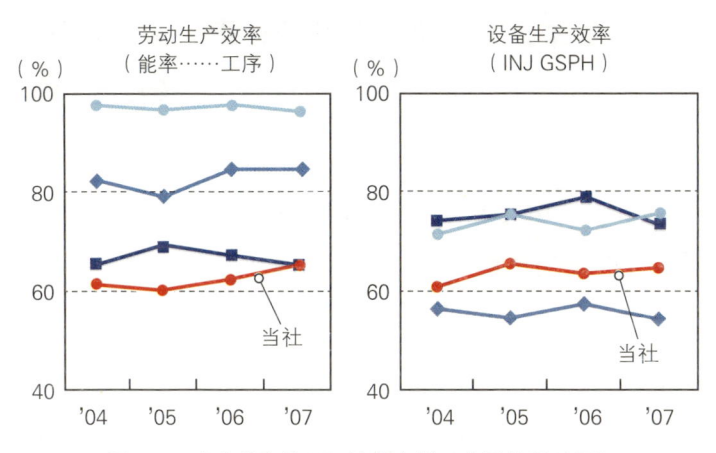

图 5-1　生产效率的 KPI 比较实例（丰田纺织 泰国）

展相应的工作。每一个项目都会细化成各现场的目标，并进行可视化（图 5-2）（参考秘诀 3 图 3-2）。

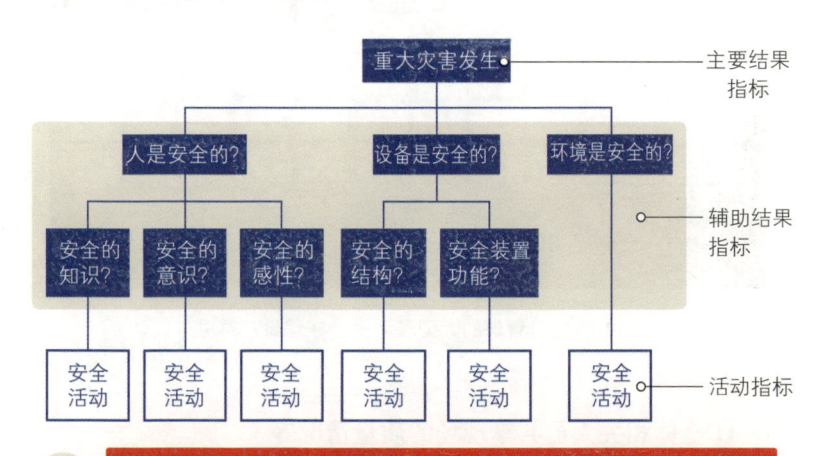

意图　将主要结果指标分解为要因系的辅助结果指标，能开展更加切中要害的安全改善活动

图 5-2　安全的 KPI 树（丰田汽车　泰国）

039

事例 3　全体员工对课题有共同认识，解决问题

东风日产乘用车

东风日产乘用车中，方针管理的管理板会被放大展示在全体员工能看到的地方，囊括了方针展开及所有的管理项目（图 5-3）。

各车间的重要指标、重要活动课题、定期的反省点，都能一目了然，能确认日常管理的情况，还能进行跟进。日常管理中重点进行哪些项目的运营，我们来具体看一看。

图 5-3　方针管理的大型展示板（东风日产乘用车）

①全体相关人员共享现场的质量情况等

该企业日常管理的核心是 QRQC 活动。

这是相关人员每天对生产现场质量情况等共有化，迅速应

对问题、异常事态的活动。

活动的运作包括与制造相关的，以质量为核心的"制造课题"，以及材料、设备、标准作业方法等变更引起的"技术课题"，还包括通过日常活动运行各个 PDCA，迅速应对的开展方式。

②所有部门都像企业家人一样参与运营

支撑该企业 QRQC 活动的是"横向补足-家族式模式"的独特活动，这是围绕制造现场的上游工序、生产技术、保全、IE、安全、物流、采购等所有部门参与，选出应全员（=家族……家庭）探讨的课题，以家族会议的形式进行解决，即"家族式运营模式"。

不仅是自己现场解决问题，正如"无止境地将课题显现化以及改革"所说的那样，将问题暴露在所有人面前，收集大家的智慧，合力解决，成为了日常管理活动的基本姿态。

| 成熟期 秘诀6 | 赋予当地经理部门业绩的责任与权限 |

事例1　对努力的人进行认可的制度　　日立金属　泰国

将日本员工的业务移交给泰国籍员工,日立金属泰国公司在这方面进展得不是很顺利。理由包括"日本员工连日常工作都做了""只分配给泰国员工一部分的工作""不是委托,而是下达命令""看到同是日本人却各执己见,指挥体系混乱,士气低落"等等。

而且,日本员工的工资是当时10个当地经理的总和,相当于70多名员工的收入。拿着高薪,却没有与之相匹配的输出,这样的日本员工无法得到当地员工的认可。在这样的背景下,2003年起,日立金属泰国开启了包括实现日本常驻员工最少化在内的改革活动。

改革活动的其中之一便是项目经理制度,这一制度取得下述成果：

- 所有的措施都是为了"产生收益"
- 削减会影响收益的"同行勾结"
- 通过公开收益,确立与日本人之间的信赖关系

- 感受被安排工作的喜悦，能自己决定的喜悦，提升士气
- 排除纵向切割的思维方式，实现了整体最优化

赋予当地经理责任与权限成为了迈向自立化的第一步。

事例 2　将当地经理提拔为采购负责人　　泰国　东丽

1991年成立的泰国东丽公司位于大城。当地经理作为负责人开展了TC（Total Cost，总成本）降低的活动。活动核心是5家企业的9个工厂形成一体，开展采购VA活动的集团采购委员会。

采购负责人每两个月会组织采购委员会，进行价格信息、VA手法等的信息互换，并和总部的采购、物流部门的比例费用削减活动联合，推进全球VA活动（图6-1）。

图6-1　东丽集团采购委员会及VA汇报会（泰国　东丽）

泰国东丽集团的 TC 削减活动，使得 VA 降低成本的金额大幅增加，对比 2010 年，实现了约 2 倍的成本削减。只看大城工厂的话，则实现了约 3 倍的改善幅度，不得不承认这是当地经理带领的集团采购委员实现自立化的结果（**图 6-2**）。

VA 金额
（指数）

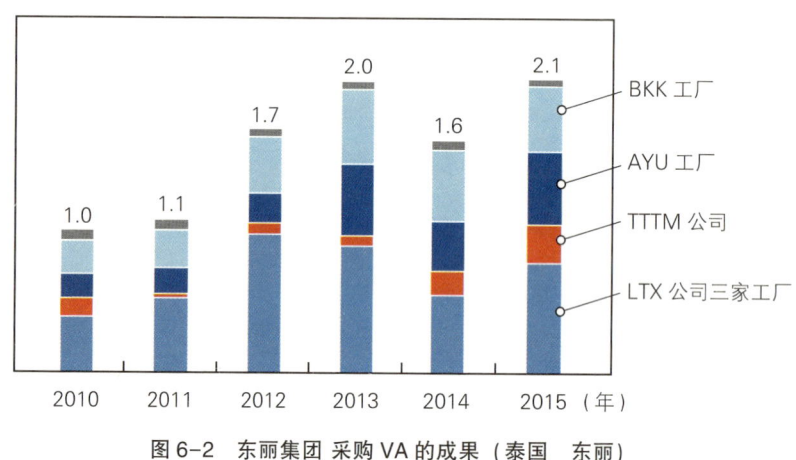

图 6-2　东丽集团 采购 VA 的成果（泰国　东丽）

事例 3　组织的重新编排及对当地员工的培训

无锡　松下冷机

无锡松下冷机公司从 1995 年成立开始到 2008 年，已运营了十多年，但到了 2008 年，销售额没有增长，持续出现赤字，成为经营上亟待解决的课题。于是，从 2009 年起，为了消除赤字，日本员工进入现场，开始进行改善和培训。

当时的现场认识处于"赤字是别人的事情（欠缺危机意识）""列出的都是做不到的理由""管理层不承担责任""看不到管理数据"这样的水平。

因此，改变当地员工的意识，教授他们用于改善的管理手法，以打好让当地员工自己能完成任务的基础作为起点，进行培训。活动之初，实施了两项工作，由日本员工对当地的科长、系长，逐个地进行培训。

首先，让当地员工建立起对活动的充分认识，重现编制组织加工，以呈现出成果。具体是将分工序的组织架构变为分生产线的组织架构，明确各个科室的责任。

第二步，是为了加速开展提高竞争意识的活动，先制定比较容易的小目标，让大家有了成功的体验。例如，以每周为单位执行，评价，培养相互的竞争意识。在2009年年底，加工损耗，收支差额损耗大幅下降（**图6-3**）。

除此以外，在和当地员工一起推动活动的过程中，挖掘关键人物并进行培养，使得此后的现场运营管理能逐渐移交给当地员工，而日本员工只从事支援的工作。

在2011年，终于实现了一直期待的赢利，可以说，当地关键人物的成长是迈向赢利化的原动力。

加工损耗 + 收支差额：千元　　　　　　　　　　　　产出比：%

日方对中方进行"一对一"指导（止血期）
变更组织→目标管理 + 数据可视化的切实落地
活动本土化（日方是支援）

加工损耗金额

收支差额损耗金额

产出比（-加工损耗 + 收支差额）

2009 年　　2010 年　　2011 年

图 6-3　日本人员工的"一对一"指导成果（无锡 松下冷机）

初创期 秘诀7　把企业活动、委员会运营交给当地的员工，并守护着他们

大部分的最强工厂，从现场选拔当地员工，由他们大力开展各式各样的委员会活动。

活动内容包括有关安全、员工福利、环境、CSR、食堂、娱乐活动（舞蹈、接力比赛、烧烤、生日会、圣诞派对等）等各类活动。这些活动的筹办都交由当地员工，在人才培养方面取得了巨大的成效。同时，还挖掘了之前没有发现的新人才，带来了意想不到的效果。

当地员工此前一直只考虑自己的事情，通过负责这些活动、意识，渐渐地开始对周围产生了兴趣。同时，真切地体会到了PDCA是如何循环的，对日常工作也产生了积极的影响。

即使将诸如委员会这样的小活动交给当地员工来安排，都将这些活动变成企业的官方活动，这一点很重要。而企业要时常给予他们关心和支持，了解现在在举办什么活动，并在委员会活动结束后犒劳他们，相互之间都能感到十分愉快，这便是成功的秘诀。

事例 1　当地员工委员会对员工食堂进行改善

日立金属　泰国

日立金属泰国公司的大部分员工一日三餐都是在工厂食堂解决的。食堂是很重要的地方，因此，寄托了员工的期待，比如"最近，餐食的质量有些下降""菜单总是一样的，都吃腻了""希望能增加菜式的种类"。

所以，当地员工召集有意向的人员，由这些人员组成"食堂委员会"，而协商的结果是，摒弃过去"食堂"的概念，改头换面为"餐饮区"。

餐食的供应商由两家增加到了六家，并让他们进行相互竞争，不受欢迎的供应商自然淘汰，允许新的商家进驻。还吸引了一家饮品店，两家甜品店，一家便利店（微型超市），餐费的支付方法也导入了使用员工卡就可以打折的系统。

这是一个让当地员工组成的委员会，最大限度发挥出能量的典型范例（图 7-1）。

事例 2　用誓师大会和纳凉节提高士气

大金工业　上海

1995 年，上海设立了大金工业，在上海，以"提高员工士

图 7-1　餐饮区及小超市（日立金属　泰国）

气的全企业活动"为主题，当地员工举办了"誓师大会"和"纳凉节"。

"誓师大会"于新年来临之际举行，是由总经理对企业方针进行说明，大家下决心一起向新的经营目标努力的活动。虽说是企业方针说明会，但经过当地员工的用心策划，大量融入玩乐之心，愉快地感受到一体感的聚会是这一活动的特点。

"纳凉节"已成为以舞蹈为中心，并与街道一起参与的大型活动。员工自不必说，他们的家人以及周边的居民都会参加。2014年9月统计的结果，约有13000人参加。这是中日文化融合的象征，也得到了参加人员的好评（**图7-2**）。

图7-2 纳凉节（大金工业 上海）

| 成长期 秘诀 8 | 创建充实交流的"场合"及"机制" |

很多最强工厂的总经理每天会亲自到现场，与现场负责人、现场员工进行交流，之所以这么做，是因为经营高层们非常清楚：沟通交流是很重要的环节。

这里需要大家正确认识的一点是，沟通交流不是最终目的，而是把良好的沟通交流作为入口，形成能畅所欲言的开放型企业氛围。企业能否尽早地从员工当中了解到问题、课题，是否能解决，这应该是更重要的事情。

事例 1　对话会及 "1pm/1am 会议"

东芝信息设备　菲律宾公司

1995 年成立的东芝信息设备菲律宾公司，推动了经营管理的开放化及平台化，推动与员工的沟通交流是其中的支柱之一，该企业实施了以下三项主要措施：

①通过各种对话会提出并解决课题

除了当地员工外，为了从所有员工那里获取课题，并进行解决，事业部高层、工厂高层定期举办与当地员工的对话会。

例如，总经理对话会（每周三次），分部门由部长、科长、监督人员、负责人与总经理进行对话。总经理会听取各部门的课题。而总务部对话会（每月一次），是总务部与现场员工之间进行对话。主要是听取工作时的问题、意见，予以改善。非管理职位的对话会（每月一次），则是由各部门选择非管理人代表举行会议，协商各部门的问题、课题，以便尽早解决（图8-1）。

（东芝信息设备 菲律宾公司）

Program	参与人员	内容	补充
总经理对话会 （3次/周）	Indirect employees	每个部门与总经理的恳谈会。部长/科长/SV/负责人与各层级、各部门开展，听取本部门的课题等	
HRA Talakayan （1次/月）	Direct employees –Operators, –Technicians	HRA（总务部）与直属雇员工的对话会。主要是提炼工作时的问题、意见等，以实施改善	
Non-Management Representatives Meeting （1次/月）	Non-Management Representatives	各部门选出非管理人员代表举办的会议。 协商各部门的问题、课题等实现早日解决	

图8-1　总经理对话会、总务部对话会、非管理人员代表会议
（东芝信息设备　菲律宾公司）

②企业内刊、意见箱等进行信息公示、互换意见

员工与企业之间的交流工具有顾问栏、企业内刊、意见箱、总务部网页。

顾问栏主要面向员工，展示企业的经营策略、劳务管理的

相关信息等内容。还会介绍 CSR 的活动，以提升员工的积极性。

而每月发行的企业内刊，会介绍企业内的活动，展示获颁企业内外各种奖项的情景。同时，还有总经理的话语、总公司董事访问企业时的发言等。

为员工而设的意见箱，则是鼓励员工将现场的问题、意见说出来，实现及早解决问题。

总务部网页中，会归纳出很多人咨询的内容并公布出来，也能为员工提供一臂之力。

工具	概要	
COMMON BOARD	主要面向员工，展示东芝以及 TIP 经营策略、劳务管理等内容。 还介绍了 CSR 的活动，提升员工的积极性	
COMPANY NEWSLETTER	每月发行企业内刊。 介绍企业内活动，以及获颁企业内外各奖项的风采。还有总经理语录，东芝董事到访企业时说的话等	
SUGGESTION BOX	设有员工用的意见箱。 鼓励员工就现场问题、意见进行投稿，以早日解决问题。解决问题的速度很重要	
HRA WEBSITE	开设与总务有关的网页。 总结被咨询很多次的问题等，为员工提供一臂之力	

图 8-2　沟通交流的工具（东芝信息设备　菲律宾公司）

③用 "1pm/1am 会议" 加快速度

每天下午 1 点、上午 1 点，确定好时间，大家站在一起进行生产情况、质量情况、异常数据的汇报。早上是总经理主持，夜班、休息日则由科长级别牵头实施。每条生产线的负责人都会汇报前一天的生产情况，接受总经理下达的指令。

　　工厂的所有部门要在 15 分钟内完成情况汇报，所以会议的节奏很快，本工序的生产进度、不良情况、问题点等要总结得很到位，同时要掌握汇报的技巧，切实地把握问题点。总经理对异常情况会当即做出指示，必要时还要到现场去进行指导（**图 8-3**）。

　　这一会议的好处是，能够集合工厂内所有的负责人同步行动，不仅仅是自己的工序，其他工序的情况、信息也能有所了解，能掌握工厂整体的动向。

Purpose:
- Timely Discussion of results/Issues. Exchange of ideas among all attendees to identity best possible actions or solutions to the issues
- Yokoten(some issues may also happen in own areas so need to listen attentively so they can consider how to Yokoten to their own areas)
- Improvement of management ability.

1pm Meeting
　Report to President. All dept heads and managers concerned attend
　　-Status of shipment and production
　　-Outputs of each process
　　-Outgoing quality status and failure analysis
　　-In-process quality status
　　-PCBA quality status
　　-Incoming quality issues
　　-Incident report

1am Meeting
　Report to OIC. Dept representatives attend.
　OIC – Officer in charge:
　on-duty supervisor for weekday 1am or on-duty manager for weekend

图 8-3　Daily 1pm/1am Meeting（东芝信息设备　菲律宾公司）

事例 2　用意见箱和企业内部网交换信息

富士施乐　深圳

深圳富士施乐为了实现经营层与员工的良好沟通,采取了很多措施。

①CSR 意见箱

将员工的意见、需求等收集起来,设置并使用 CSR 意见箱。很多企业往往误以为 CSR 是对外的职责,但该企业把员工满意等囊括在内,考虑如何在企业内外广泛地提供企业服务。

意见箱的使用条件包含以下内容(**图 8-4**)。

图 8-4　CSR 意见箱(富士施乐　深圳)

· 提出企业的规定、制度、赏罚、工资、福利、工作中的不合理现象、作业环境、安全、餐饮及宿舍、人际关系等不满、

改善提案

　·针对 CSR 相关的培训提出需求

　·所有的不满、问题，都要弄清事实，为此要清楚地写下所属部门和姓名

　·询问部门上司、同事就能解决的问题不使用 CSR 意见箱

从这些内容可以看出，该企业非常重视 CSR。

②企业内部网——意见交换的渠道

该企业创办了"交流天地"内部网站，供企业内员工进行意见交流。

员工可以针对企业运营、福利、劳务管理、法律问题，向各个部门提出意见，负责部门需要对员工的疑问、问题进行解决、跟进（图 8-5）。

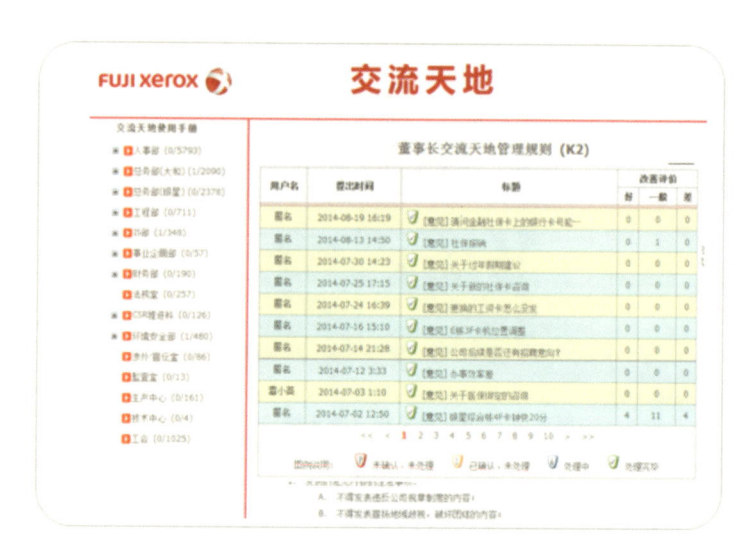

图 8-5　企业内部网"交流天地"（富士施乐　深圳）

事例3　用记录的形式将联系内容可视化

丰田汽车　印尼

1971年创办的丰田汽车印尼公司在双向沟通工具方面，实施了员工将问题点、课题、意见、提案等写给上司的"员工之声活动"。

启动这项活动的契机是在车身工序连续出现工伤（切伤）事故。在这一工序工作的员工，深刻感觉到"每天都是困难作业"，却什么也不说就置之不管了，而这一情况是在工伤事故发生以后才了解到的。

站在企业的角度，大家认识到对此进行管理的必要性，于是开始实施员工之声活动。

"仔细倾听、回应员工说出的心里话"，该企业认识到这是现场管理监督人员的职责。

让员工提出意见、建议的方法有好几种。而员工之声并没有统一的模板，员工提出来的意见和建议，现场的负责人会进行记录，并进行可视化，在采取对策并解决完毕之前会一直张贴在管理板上。

例如，某个员工的提案，负责人复印出三份，并记录下来，这不是由员工写的，而是负责人在听了员工的提案后，正确理解了内容，然后写下来在什么时候改善完毕，这是最关键的一点。

第一张向员工确认以后,张贴在生产线旁管理板的"开展中"一栏,第二张留为负责人自己保管(管理用),第三张交由负责人的上司。如果按照提案的内容实施完毕,并进行了确认,那么负责人就要将这一张从管理板上的"开展中"挪到"实施完毕"一栏,要履行的职责到此结束。

也就是说,负责人回应员工提案的过程将会被可视化出来,这是自己的上司对自己的一份承诺,加深了相互之间的信任关系(**图 8-6**)。

图 8-6　员工之声管理板(丰田汽车　印尼)

事例 4　通过生日会及鼓励打招呼的形式构筑"和"

日立自动驾驶系统　苏州

2002 年在中国江苏省成立的日立自动驾驶系统苏州公司，为了提高员工满意度实施了好几项举措，在这里为大家介绍三个典型例子。

第一个是为员工举办生日会。从工厂开工生产开始，公司就为当天生日的员工举办聚会，但现在已不是单纯的聚会了，而成为了总经理听取全体员工真实声音的重要场所。

第二个是在生日会上员工提出的建议、问题会由专职部门进行回答，回答内容张贴在食堂，展示出用员工的声音改变企业的姿态。

下一步是在"5S、礼仪提升活动（每月）"中，每月确定具体课题，实施改善，比如"打招呼运动月"，使员工对 5S、礼仪礼节方面更加关注。

第三个是对打招呼进行奖励。在公司内外打招呼时，为了让员工主动摘下帽子，微笑地说"你好"，全体部长亲身示范，还制作了宣传单发放给员工（**图 8-7**）。

活动的实施内容——用心提升员工意识

员工与公司的和谐

（5）5S、礼仪提升活动（每月）

全体部长发放宣传单时的照片（2014年12月）

图 8-7　鼓励员工打招呼，推动公司和谐（日立自动驾驶系统　苏州）

第 2 章

培养出有活力的组织
钻研如何推进改善

走向世界各地的工厂首先应该努力实现按照标准进行操作与生产。随着现场成熟度的提升，逐渐形成由当地员工自己思考，进行改善的状态。而工厂的高层应更进一步瞄向的目标是：让当地人才运营的自立化工厂。

有的工厂在海外建厂已经多年，QCD 稳定下来了，所以由当地员工运行日常业务是没有问题的。

问题在于出现设备故障、零部件异常的时候，培养当地员工能瞬时应对这些紧急情况的能力，是实现自立化的大前提，更重要的是要形成不发生异常的状态。

为此，要找出潜伏在生产线中有可能造成异常的要素，实施改善，以避免异常和预防问题的发生。

当地员工自己发现问题并改善，持续提升 QCD 的水准，可以提升当地工厂的竞争力，同时能实现当地员工对工厂的运营管理。

那么，海外工厂要培育让这些事情成为现实的自立化活力组织，应该怎么去做呢？最强工厂所采取的措施，大致有下列项目：

· 传授基本原则，做榜样示范

- 将适合工厂的改善方法标准化
- 通过标杆线积累成功体验
- 通过横向推广改善，相互钻研
- 成立专职做改善的部门，培养改善人才
- 想象三年后现场流水线应该达到的状态

工厂会针对这些项目进行探讨，下一页将介绍各家企业在这方面开展的工作。

初创期 秘诀9 首先，日本员工要做好改善的榜样

海外工厂初创期的关键在于培养当地员工。

要点有以下三点。

①传授产品制造的基本原则

第一点是传授产品制造的基本原则。大部分当地员工在改善的相关基础知识方面还很薄弱，就像日本员工进入企业后学习改善手法一样，他们也需要从基础开始学习。有的内容对于日本人来说，是基本的或者很初级的内容，然而当地员工却无法理解。所以，日本员工应该好好地审视这个问题，对当地员工进行培养。比如，"操作中的附加价值是什么（能从顾客那里获取等价报酬的加工作业）"等问题，要让他们去思考，去找出浪费的作业。

②日本员工做好榜样

第二点是日本员工要做好榜样。改善活动中要捕捉到"到底什么是问题"。例如，生产效率很低，质量很差，要让员工注意到这些都是需要改善的"问题"。为此，从应有姿态的理解开始，具体地明确应该到达的水平，而应有水平与现状的差异就是应该改善的问题，这一点要让他们体悟到。能把握住问题，但不要马上就让他们改善，而是从制定解决对策，实施改善到

跟踪结果，日本员工都要在现场亲自示范给他们，这种共同体验的过程尤为关键。

③彻底养成重复循环的习惯

第三点是让他们养成彻底重复循环的习惯。产品制造的基本原则是：时常采用相同的工具，相同的步骤、方法实施生产。换而言之，要形成"凡事彻底做到位"的习惯。实际上这是最难的，在养成这一习惯之前要不厌其烦地进行管理和监督，下面介绍这方面的实践事例。

事例1 明确改善的概念及要点

东芝信息机器　菲律宾公司

东芝信息机器菲律宾公司在成立之初的1996年，日本训练师就已开始对生产领域进行改善，开展了TP（Team Project）/IE（Industrial Engineering）活动。2004年，为了培养当地员工，日本员工指导当地的候补训练师。第二年起，就由当地训练师指导当地员工了。

日本训练师培养当地训练师的要点是通俗易懂地传授"改善的概念"和"改善的关键"。

该企业在推进这些内容的基础上，由日本员工引导，当地员工能切实体会从发现问题点到改善的所有过程，以这种方式在现场反复进行实践指导。（图9-1）

TP/IE 现场改善 2：制造流水线效率改善

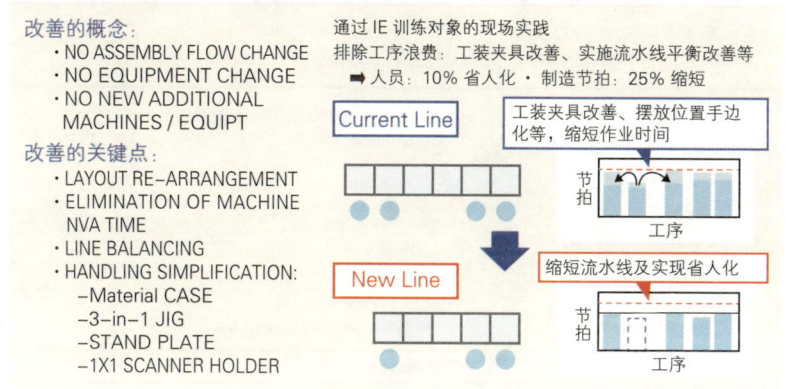

改善的概念：
- NO ASSEMBLY FLOW CHANGE
- NO EQUIPMENT CHANGE
- NO NEW ADDITIONAL MACHINES / EQUIPT

改善的关键点：
- LAYOUT RE-ARRANGEMENT
- ELIMINATION OF MACHINE NVA TIME
- LINE BALANCING
- HANDLING SIMPLIFICATION:
  – Material CASE
  – 3-in-1 JIG
  – STAND PLATE
  – 1X1 SCANNER HOLDER

通过 IE 训练对象的现场实践
排除工序浪费：工装夹具改善、实施流水线平衡改善等
➡ 人员：10% 省人化 · 制造节拍：25% 缩短

Current Line

工装夹具改善、摆放位置手边化等，缩短作业时间

New Line

缩短流水线及实现省人化

※工装夹具 / 外壳改善由当地员工设计、制作、导入

图 9-1　TP/IE 现场改善实例（东芝信息机器　菲律宾公司）

事例 2　日本员工以讲师的身份培养负责人

广州松下空调器

广州松下空调器公司建立了这样的机制：日本员工担任讲师，通过现场改善培养当地员工（**图 9-2**）之后，由当地员工担任讲师。

事例 3　培养能提升积极性的当地员工

日立金属　泰国

日立金属泰国公司在 1991 年成立之初，在日本总部专职人

培养生产革新的牵头人

◆ 当地员工生产革新牵头人的OJT
· 改善活动的自主化推进（研修的自主化也在实施，扩大改善活动人数，用相同的视角达成共同理解）

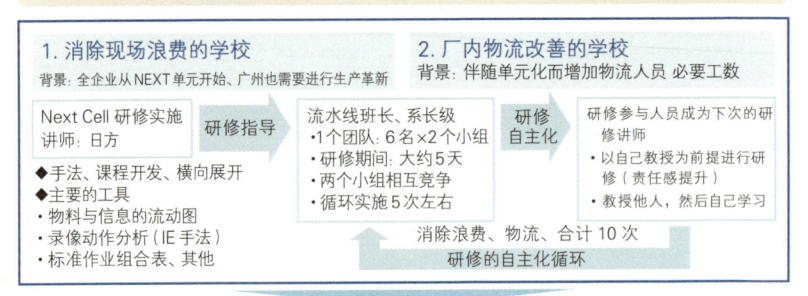

1. 消除现场浪费的学校
背景：全企业从NEXT单元开始、广州也需要进行生产革新

Next Cell 研修实施
讲师：日方

◆ 手法、课程开发、横向展开
◆ 主要的工具
· 物料与信息的流动图
· 录像动作分析（IE手法）
· 标准作业组合表、其他

研修指导 →

流水线班长、系长级
· 1个团队：6名×2个小组
· 研修期间：大约5天
· 两个小组相互竞争
· 循环实施5次左右

2. 厂内物流改善的学校
背景：伴随单元化而增加物流人员 必要工数

研修自主化 →

研修参与人员成为下次的研修讲师
· 以自己教授为前提进行研修（责任感提升）
· 教授他人，然后自己学习

消除浪费、物流、合计10次
研修的自主化循环

组装成本1/2化工作小组（WG）开展活动，改善活动自主化

◆ 自主化的改善循环
现状分析 → 改善方案 → 在试制线验证 → 横向展开实施
设计变更提案 → 反映到新产品上

不仅仅是作业改善，还深化为参与产品设计改善的活动

图9-2 生产革新牵头人的培养（广州松下空调器）

员的指导下开展了设备改善、作业动作改善、工序改善等工作，还为当地员工进行了改善基本原则的相关培训。此后，以减少常驻当地的日本员工数量（＝严格甄选常驻当地的日本员工）为目标，把工作重心放在了当地人才的培养上，开展了各类活动。

开展活动时他们特别注意提高当地员工的积极性，在"努力才有回报"的口号背后，打造"赋予工作与成长的喜悦""提高员工爱企业的精神""提高员工的质量与本事"的环境，推进当地的自立化（**图9-3**）。在积极性提升上，公平地对待日本员工和当地员工，使当地员工和日本员工的信任关系得以构建，为顺利推进改善活动发挥了作用。

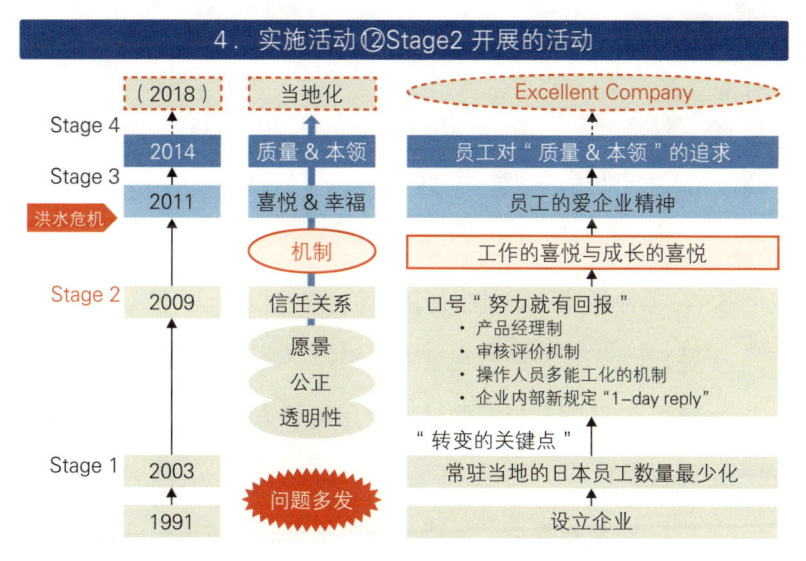

4．实施活动②Stage2 开展的活动

Stage	年份	当地化	Excellent Company
Stage 4	(2018)		
Stage 3	2014	质量 & 本领	员工对"质量 & 本领"的追求
	2011	喜悦 & 幸福	员工的爱企业精神
洪水危机		机制	工作的喜悦与成长的喜悦
Stage 2	2009	信任关系	口号"努力就有回报" • 产品经理制 • 审核评价机制 • 操作人员多能工化的机制 • 企业内部新规定"1-day reply"
		愿景 公正 透明性	"转变的关键点"
Stage 1	2003	问题多发	常驻当地的日本员工数量最少化
	1991		设立企业

图 9-3 彻底的本土化的流程（日立金属　泰国）

初创期 秘诀 10 彻底实施并开展 5S 活动

不仅仅是工厂，企业、组织开展的活动中应该有 5S（整理、整顿、清扫、清洁、素养）。5S 活动是工厂初创期必须实施的对策之一，生产现场中基本的活动。

5S 在各种各样的场景中使用，但生产现场有以下几层含义：

- 整理　　工厂、制造现场中要扔掉不必要的东西
- 整顿　　让物品处于能马上使用的状态（规定的东西要放在规定的位置）
- 清扫　　清扫现场，保持良好的状态。通过清扫进行点检
- 清洁　　保持好整理、整顿、清扫的状态
- 素养　　养成遵守已经确定的事情的习惯（规则、步骤）

5S 在海外也叫 "5S（GOESU）"，与 "KAIZEN" 并称为生产现场的通用语。但是，在日本以外的国家和地区，常常会有一些与原本含义不同的理解。所以，海外工厂在推进 5S 的时候，要点应该有以下三个。

①传递持续做 5S 的重要性

第一点是传递持续做好 5S，形成习惯的重要性。为此，要好好传递 5S 的目的和意义，自己所采取的行动和重要性，例如"整理"，工厂内存在不必要的东西就会在管理上增加浪费的动

作，是生产效率恶化的要因。

②建立持续做 5S 的机制，并持续追踪

第二点是建立持续做 5S 的机制，并由高层管理干部进行彻底的追踪（指导，确认活动水平，评价，赏罚）。建立机制，需要采用"在日常业务中开展的常态化，定期化""确定各区域的负责人，责任明确化""为维持循环而建立的评价、赏罚制度"等方法。而有效运行已建立的机制，需要经理不胜其烦地彻底追踪，这一姿态很重要。要让这套机制落地，需要遵循"三现主义"（现场、现物、现实）进行跟踪。

③创建安全的环境

第三点是创建安全的环境。在现场，最重要的事情是安全，一旦发生了工伤事故，就有可能为员工带来伤害，甚至影响到员工的整个人生和家庭。推进 5S 活动，不仅是消除作业的浪费，也是在创建安全的环境。为此，对于"什么是危险""周边有什么风险隐患""如何去除这些风险和危险的发生源头"，都要让员工理解透彻，向他们传达安全的重要性。

其中的过程应包含：①知道什么是危险；②这些危险会带来哪些危害，让员工按照这个思路顺序去理解安全的重要性。特别是"掉落""倾倒""夹伤，卷入""触电""危险物接触，吸入，附着有害物质"等的危险性，到底隐藏在现场的哪些地方，让员工提高察觉这方面问题的感受性是很重要的，体验型的学习对于员工理解这些内容是非常行之有效的。

事例 1　高层亲自指导　　　　　丰田纺织　泰国

丰田纺织泰国公司的总经理率先开展现地现物的活动，即自主研活动（**图 10-1**）。现地现物是在丰田的员工们共同形成的理念，是指踏足现场，基于现场事实进行思考。这个活动的核心在于"坚持不懈地，反复地进行现地现物的指导"的思想。总经理率先垂范，不断地传达现地现物的重要程度，让当地员工学习产品制造的基本原则。

- 汇报人说的话到底想表达什么？认真追问直到理解为止
- 自身体悟问题点及改善指导下一个阶段

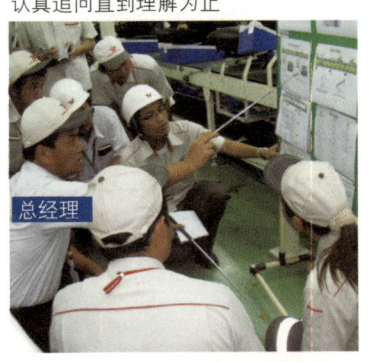

现地现物地重复指导是改善的捷径

图 10-1　彻底开展现地现物活动——导入自主研活动（丰田纺织　泰国）

事例2　实施体验型研修和安全对策探讨会

东丽塑料　深圳

在东丽塑料深圳公司，针对总部提倡 3Z 活动（零事故，零问题，零投诉）中的"零事故"活动，实施了体验型培训（**图 10-2**）。除了让员工理解原因，还通过体验让他们了解事故的危害，才能减少由于一时疏忽、不安全行动而造成危险的问题。

1）提高危险感受性

＜安全意识调查＞
- 安全问卷调查
- 安全面谈

＜安全风险＞
- 自己不受伤（过度自信·疏忽）
- 由于不注意，走捷径的行为遭遇了危险

模拟体验培训活动计划（2013 年）

模拟体验培训课题	起因物
1月	被丝杠夹到	旋转体
2月	被阀门、线缆夹到	设备运转部分
3月	接触到挤压机的头部（烧伤）	高低温物品
4月	丝杠落下被夹到	重量物/刀具
5月	螺钉紧固时被夹到	工具/夹具
6月	微弱电流的触电体验	电气
7月	磁铁夹到	工具/夹具
8月	桶式研磨机的夹伤	工具/夹具
9月	化学药品造成的腐蚀性伤害	危险有害药品
10月	锐利部分造成的切伤	刀片
11月	被切断机的旋转机卷入	旋转体
12月	被 V 型皮带夹到	旋转体

图 10-2　为了提高危险感受度而开展的 3Z 活动（东丽塑料　深圳）

另外，该企业实施了打造安全现场的活动（**图 10-3**），具体包括下述内容。

①发现潜在危险的"安全巡查""安全员活动观察""安全面试""吓一跳提案"

（1）3Z 活动 ①"零事故"活动

2）安全对策探讨会【每天召开】

●安全对策探讨会的活动实例

<安全风险>
· 对现场潜在重大危险置之不理
· 管理者对情况掌握不充分

被磁铁夹伤对策

安全对策探讨会的机制

潜在危险
安全巡查
安全员活动、安全面试
吓一跳活动

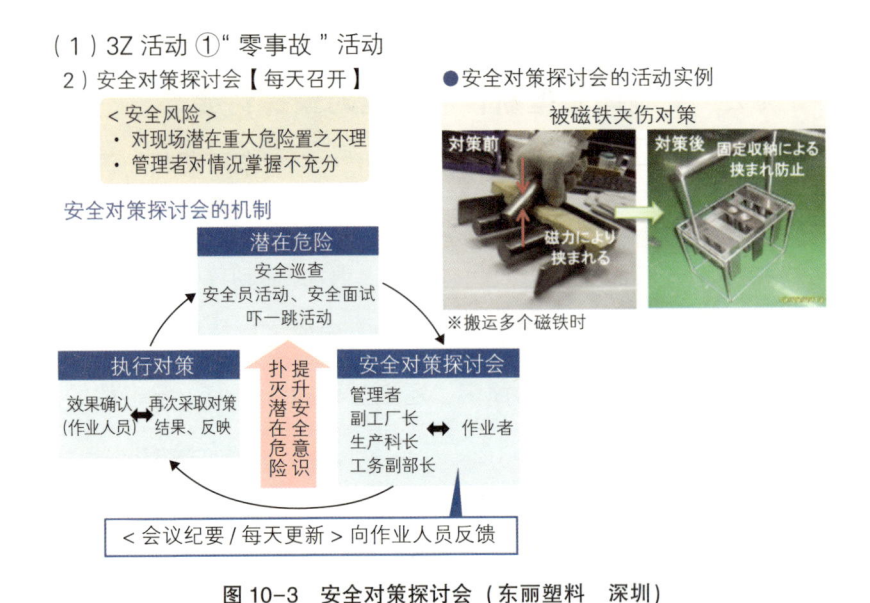

↓↑ 扑灭潜在危险 提升安全意识

执行对策
效果确认 ← → 再次采取对策
（作业人员） 结果、反映

安全对策探讨会
管理者
副工厂长
生产科长 ← → 作业者
工务副部长

<会议纪要/每天更新>向作业人员反馈

图 10-3　安全对策探讨会（东丽塑料　深圳）

②在安全对策探讨会上，管理人员向操作员工反馈（每天更新会议记录）

③执行对策，确认效果

这些都是循环开展的例行工作，特别是海外工厂，员工的流动性很大，通过"日常""反复运行"这些循环，来创建安全的现场和安全的企业文化。

安全对策当中容易遭到忽视的是现场时刻发生的变化，即使暂时实施了某项安全措施，经过一段时间以后，工序是会出现变化的。现场时常在变，员工的行动、意识、危险发生源头、发生风险都在变。要意识到现场是变化的现场，定期反省安全对策是不可或缺的工作。

初创期 秘诀 11 — 将企业独有的改善手段标准化并渗透到每一个角落

持续改善的最强工厂，其特征之一是具有企业独有的"WAY"和"METHOD"，制造部门不仅是制造和生产技术部门，所有部门的工作，改善，都秉持相同的价值观和方向，改善的思路、步骤、过程形成共识，以一个整体高质量地开展工作。

第一章论述了企业理念、愿景的重要性，但归总起来的与之联动的行动指南、思路等"WAY""METHOD"，并非只是从把握问题到制定改善的方法、步骤，而是要落实到如何培养人的内容。通过制定这样的行动基准，当地员工也更加容易开展工作。

WAY 也好 METHOD 也好，不是定出来内容就完事了，如果没有深入开展和维持，就没有任何意义。为此，"创建一个不被日常工作牵着鼻子走，能专注改善的环境""根据需要，让员工具有一定的强制力""让员工具有自发性、自立性"等都需要去琢磨。

下面为大家介绍最强工厂在 WAY、METHOD 上努力渗透到企业每一处的事例。

事例 1　培养当地指导师的机制　　大金工业　上海

大金工业上海公司开展了大金集团实施的"PDS（Production of DAIKIN System）大金生产方式",并正在深入企业的每一个角落。这一生产方式,是以团队协作为基础,培养员工的意识力、知识力,培育人才,以提升产品的制造力（**图 11-1**）。

培养支撑产品制造的人才—PDS
目标——"提升产品制造力,建立具有挑战精神的产品制造集团"

人才培养的思路概要

人才培养的思路

不培养人才!
产品制造力弱!
现场问题频发!
应对变化能力弱,马上就出现问题

具有自主性/精神气儿/活力/英气
"不动摇的""勇于挑战的"

生产效率 / 遵守交期 / 质量 / 安全 / 人才力

提升产品制造力
成长
意识力 知识力提升

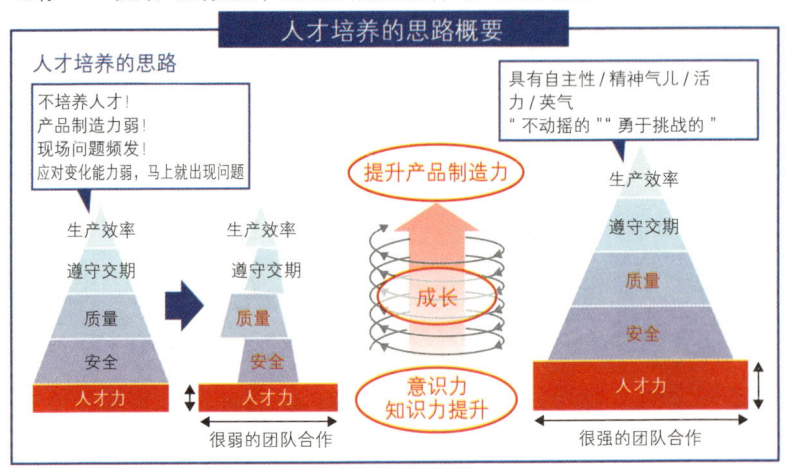

很弱的团队合作　　　　很强的团队合作

图 11-1　大金生产方式 人才培养的思路（大金工业　上海）

特别是海外工厂,日系企业积极地开展人才培养,这成为应聘者的判断基准之一,关于这点应该重点着墨地为大家介绍。

该企业为了提升当地指导师的改善指导力，将手段、步骤标准化（指南化）了，然后进行培训（**图 11-2**）。改善的流程是"彻底把握现状→提出现状问题→描绘应有状态→设定执行课题及提出个别目标→确认改善情况，进行指导→开展下一个课题"。而指导师的指导能力掌握情况是通过 PDS 改善指导会（每月），定期的总经理汇报会（每三个月一次）等进行确认，通过指导师开展指导促进现场的改善。

培养支撑产品制造的人才——PDS
◆ 主要的培训内容——提升改善指导能力

- 确定标杆现场，实施现场改善，推进改善
  A. 彻底了解现状
  B. 将现状问题全部列出来
  C. 让现场人员描绘理想状态（未来想让自己的现场变成这样）
  D. 为了接近理想状态而需要执行的课题，以及各自的目标、期限和负责人
  E. 确认改善的执行情况，并进行相应的指导

- 确定标杆现场，实施现场改善，推进改善
  ○定期实施 PDS 改善指导会（每月 1 次）
     生产力强化室室长（日本大金的 PDS 传道师）进行改善指导，以及用一个月的时间把握改善指导者的指导力。
  ○实施定期总经理的汇报会（每三个月 1 次）
     接收改善汇报，到改善的思路、推进方式、确认效果等，确认产品制造强化人才的成长程度

图 11-2　支撑产品制造的人才培养（大金工业　上海）

为了让当地指导师具备产品制造的知识和指导力，不断自我钻研，实现自我成长，该企业新设立了"生产力强化室"（**图 11-3**），通过这样的组织集中进行培养。

培养支撑产品制造的人才—PDS　　　　　　PDS: Production of Daikin System
　　　　　　　　　　　　　　　　　　　　大金生产方式的名称
◆ 从能"不断地增产"的人才，转变为能"不断改善"的人才

生产力强化室的成立（2012年4月）
・明确未来的指导者，推进成员，让他们担任人才培养的推进角色，同时成立能自我钻研产品制造知识、指导力，他们自身也能成长的"生产力强化室"，加速培养强化产品制造的人才

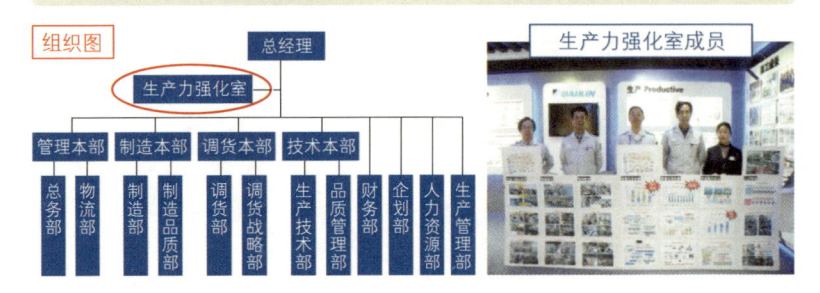

图11-3　生产力强化室专职组织化（大金工业　上海）

事例2　用共同的"基准"形成共同认识

丰田纺织　广州

丰田纺织广州公司在供应商的质量监查当中，活用共通的"标准"（＝确认表），对企业内负责人的水平达成了共同的认识（**图11-4**）。

解决质量的问题，应该以什么水准为目标，负责人的"标准"如果没有被标准化，就会出现认知上的差异，无法开展改善活动和正确的监查。质量基准、检验方法、设备条件等要具体地去定义，把什么开展到什么程度，这一标准要共有化。这

么一来，与供应商能很顺利地形成共识，开展合理的工序监查。

活用确认表（＝共同的标准）的工序监查

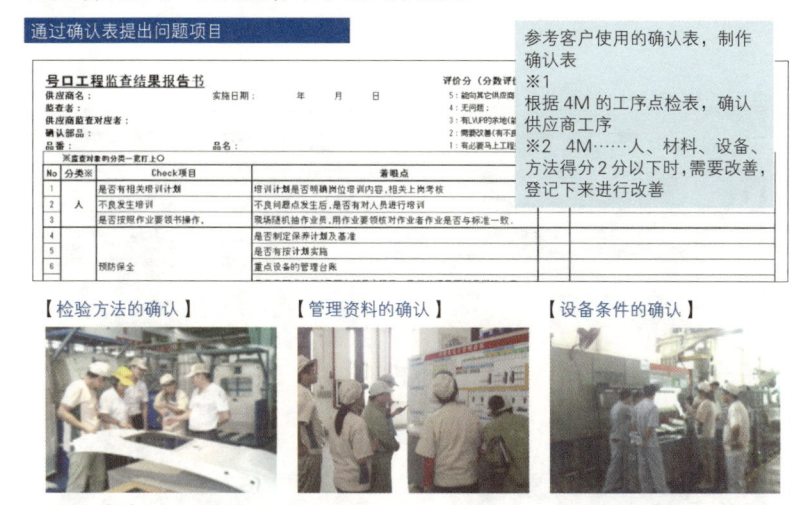

参考客户使用的确认表，制作确认表
※1 根据4M的工序点检表，确认供应商工序
※2 4M……人、材料、设备、方法得分2分以下时，需要改善，登记下来进行改善

【检验方法的确认】　【管理资料的确认】　【设备条件的确认】

图11-4　质量监查的指标"标准化"开展（丰田纺织　广州）

事例3　自下而上的改善提升生产效率

日立金属　泰国

日立金属泰国公司在改善活动的开展过程中，为了让现场所使用的作业台、小车有效地运用到操作中去，将"自己所使用的操作台、小车，自己来思索，用自己的双手制作出来"（**图11-5**）作为口号，利用精益管自行制作，自主改善。

用这种方式，使得改善能自下而上地开展，在现场，大家

079

都说"操作人员感受到自己动手的乐趣,现场改善的方式、文化也随之改变"。浪费作业也得到了消除,大幅地提升了生产效率。

自己所使用的作业台、小车,相互发挥自己的智慧,用自己的双手制作!

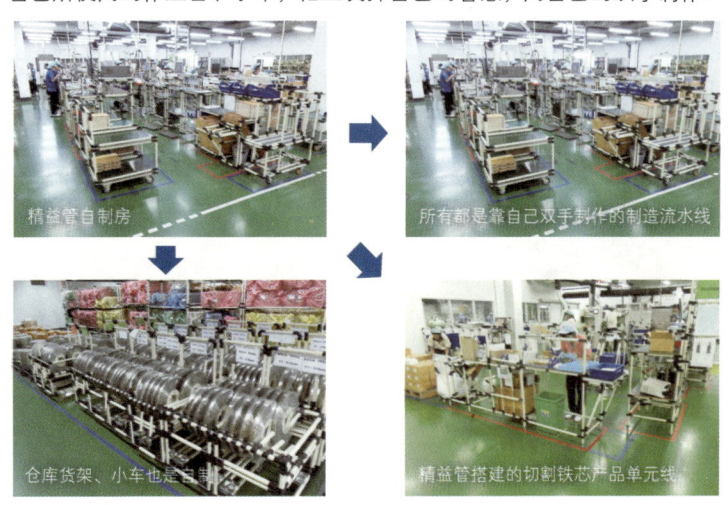

图11-5 自发自立地开展改善活动(日立金属 泰国)

成长期 秘诀12　通过标杆线的改善积累成功的体验

改善活动总是难以步入正轨时，将工厂内的任意一条流水线作为标杆，集中进行改善的这种方法也是很可行的。把目标锁定在一条标杆线上，投入资源，积累成功的经验，有了经验之后就能促进下一步的改善活动。

推进标杆线的改善有两个要点，一个是"积累成功的体验"，成功体验是独立改善的第一步。在改善中取得成功，大家有了积极性，就会产生下一次改善的欲望。如果为了成功过多地投入精力、时间，可能会导致积极性下降。这时候比较有效的方法是，选择一个工序或者流水线，把限定在工厂内的一个小范围作为标杆线，集中几位人才和他们的智慧集中投入改善，形成开展改善活动的"标杆活动"，这种方法具有"因为限定了范围，所以能一边学习一边推进""一边深度思考一边推进""短时间内取得成果"等优势。

还有一点是"打造成为标杆的领军现场"。改善活动持续开展的过程中，有些现场可能没有办法取得成果。所有组织都能活跃地推进活动，自然是让人梦寐以求的事情，但是难以按照预期推进的时候，可以通过建立领军梯队，在其他部门、流水线之间激发竞争，使活动活性化。

事例 1　在新设立的标杆线中设定较高的目标

大金工业　上海

大金工业上海公司投产新产品时，会建标杆流水线（**图 12-1**）。在标杆线中，例如，针对生产效率改善到 150% 这一高目标，就需要以当地员工为主体开展横跨各部门的活动。在新流水线的概念中，提出了自动化、可视化、士气提升三项活动。

建立标杆线 "R6 流水线" 投产
搭建室外机的标杆线

> **背景**
> - 投产大型机型时，决定搭建 "R6 流水线"，即家庭用的小型空调流水线。
> - 除了新机型，这条流水线还能生产既有机型，目标是生产效率改善 150%。
> - 过去迫于增产的压力，主要都由生产技术人员紧急搭建流水线。
> - 这一次，从构建流水线开始，采购/生产计划/制造/零部件管理/质量管理部门就不断地讨论，以搭建理想流水线为目标，反复演练之后再进行设计、施工。

> 流水线概念（重视的要点）
> - 自动化
> - 可视化
> - 士气提升

图 12-1　标杆线建立的概念（大金工业　上海）

"士气提升"所做的一件事情是，在露营式新人训练的军队中进行入职研修。企业内有当兵经验的员工担任这个训练营的教官（**图 12-2**）。这个活动的目的在于遵守规律，提高新员工的团队协作能力。在严格的训练中，让员工们独自钻研，以获得成功的体验，以此达到培养新人的目的。

建立标杆线"R6 流水线"

士气提升
- 实施提升士气的对策，流水线作业人员感觉到"自信"与"自豪"，"想在这条流水线工作"

露营式新人导入训练
- 流水线作业人员，汇集了全中国学历、年龄各不相同的人。
- 怎么做才能有好的团队协作，有干劲地工作，对这个问题反复讨论的结果是在新员工培训中采用军队的培训方式。
- 企业内有 26 名人员曾有过军队训练经验，从他们当中选择 6 名教官指导大家。

增强自信
- 为了增强自信，轮流实施"站岗"。

实施期间：3—7 月
站岗场地：公共区域
（抽烟室、工厂食堂之间的步行道）
站岗时间：人流量多的时候
（上班时、午休、下班后）
总共人数：350 人

入职培训的场景

穿着雨衣站岗

在酷暑中站岗

图 12-2 标杆线建立时的新员工训练（大金工业　上海）

事例 2　设定并跟踪标杆课题　　东风日产乘用车

东风日产乘用车在日产生产方式（NPW）中，开展了方针管理及目标管理的活动（**图 12-3**）。在这个活动中，设定好重点课题，在厂长-系长参与的周度会议上进行进度情况汇报、跟进，通过这项活动的持续开展，按照管理人员、监督人员方针制定的目标逐一得到实现。

083

NPW 的彻底化 – 方针管理 & 日常管理

总经理方针、部长方针以及科长方针的概略图

总经理方针：（指标）目标 → 对策（应对方案）

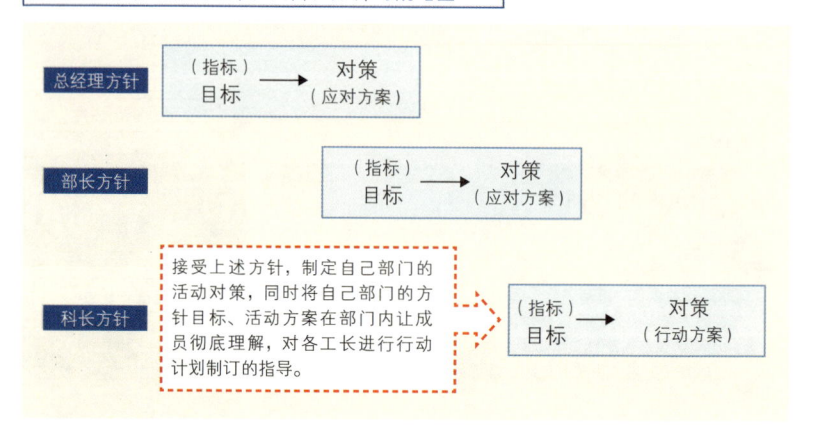

部长方针：（指标）目标 → 对策（应对方案）

科长方针：接受上述方针，制定自己部门的活动对策，同时将自己部门的方针目标、活动方案在部门内让成员彻底理解，对各工长进行行动计划制订的指导。 → （指标）目标 → 对策（行动方案）

图 12-3　东风日产的方针管理 & 日常管理活动（东风日产乘用车）

该企业还开展了 QRQC 的活动，每天早上生产现场的质量情况等都会和全体相关人员共享，并迅速应对问题、异常（**图 12-4**）。而制造部门、技术部门每天都会实施 QRQC 活动。凡事做彻底，便成就了该企业的成功。

事例 3　创造出领先者的激励制度　　日立金属　泰国

日立金属泰国公司，根据生产数量、工作质量、3S（整理、整顿、清扫）、出勤态度等实施激励工资（最多为增加工资的 17%）制度，以此对作业人员进行评估。另外，设定提升操作人员能力的"多能工激励制度"，然后实行多能工化和技能高度

化的培养。

该企业为员工制作了带有技能制度的个人工卡，让员工佩戴，提升员工的自豪感（创建领军梯队），还制定了流水线之间，人员调动时，接收方可以指定员工的制度（**图 12-5**）。

日常管理的核心 –QRQC

☑ QRQC 是 Quick Response Quality Control 的省略语，将生产现场的质量情况等每天与全体相关人员共有化，对问题以及异常情况能迅速应对的管理循环。

图 12-4　东风日产的 QRQC 活动（东风日产乘用车）

2006年建立多能工激励制度

因为每月的PBS激励评分会下降,出现了熟练的作业人员不愿意调至其他产品的生产线的问题

根据掌握的工序数量,确定多能工激励
(以当时的基本工资计算,最多不超过基本工资20%予以奖励)
※比PBS激励的17%要高,促进了多能工化
※导入抽调制度(能指定接收人员的部门)

图12-5 领先的多能工激励制度(日立金属 泰国)

| 成长期 秘诀 13 | 参观其他的现场，促进改善的横向开展 |

大部分的最强工厂，为了推进现场改善都在想办法发挥现场的智慧，激发现场的改善。有些直接运用其他部门的改善事例，有些通过应用和转化将改善导入自己的部门。虽然行业、部门不同，但都有很多参考的地方。

而将改善的结果进一步推动到其他部门，可以改变其他部门的改善意识，也是工厂整体产生健全竞争意识的源泉。工厂的高层，要想工厂整体达到这种状态，还要发挥以下作用：

那就是构筑起相互钻研的环境，参考其他组织的事例，让自己的组织进行改善，从而提升水平，就是相互钻研。智慧进一步激发出智慧，才能提升整体的水平，同时也能激发现场的士气。

事例 1　在不同部门交流会中养成的多方面思维方式

东芝

东芝，积极地在集团内开展不同部门的交流会，培养大家从不同方面进行思考的方式（**图 13-1**），通过参加这样的交流会，拜访不同部门的现场，了解这项活动的实际状态，学习改善的思路，员工的姿态、手法，并带回自己的工作现场进行实践，进一步提升水平。

在东芝集团内的不同部门交流（CS 公司集团 IE 研修会）

◆对其他领域的现场进行"看/听/思考"，提升各自的水平
◆扩大产品制造的视野，重新看待自己的现场（养成观察的视角）

◆强化产品制造力的环境课题
- 固执于自身企业内、自己部门内的思维
- 对常态化的操作没有疑问

通过直接找到其他企业自身企业的差异，来培养观察的视角

研修会的目的
- 养成自己思考、自己行动的能力
- 吸收各据点进步的地方，在自己的现场开展
- 通过考察其他业务（其他产品），掌握和自己企业之间的不同

召开频率：4 次 / 年（每家企业 1 次 / 年）
从 2010 年开始每年召开，今年已经是第六年

现场演习　　Gr. 讨论 / 发表

IE 研修会参加人员

图 13-1　不同部门交流会（东芝职业）

事例 2　通过相互考察，推进改善　　东丽　印尼

东丽印尼公司，横跨组织的工厂横向活动，开展了生产、技术、工务三位一体的生产现场，确认生产现场开展的三位一体活动（**图 13-2**）。全企业着眼于"安全、设备、人的三个观点"以及"作业标准"（**图 13-3**）。最开始，确认自己部门的现场，之后其他部门相互考察，互相提出意见，相互钻研。而活动中有"自己指出问题点""指出的问题点一定要改善""进行到改善结束"这三项需遵守的事项。在目标必达的严峻条件下，

第2章 培养出有活力的组织，钻研如何推进改善

通过推进改善，一边提升成果，相互提高水平。

工厂横向串联活动（跨部门活动）的推进方式

东丽的跨部门活动
生产/技术/工务三位一体，跨部门地运用五感确认生产现场确认

→

EASTERNTEX 的横跨活动
三大观点（安全、设备、人）+ 关注作业标准
本部门用自己的五感进行确认
其他部门相互考察

目的：通过部门内评审（实际状况检查）活动进行现场改善
推进负责人：织布部科长
活动内容：从安全、设备功能、人、标准作业的观点出发
① 本部门内评审（实际状况检查）的日常化
② 每周一次的交叉评审，进行相互确认

跨领域活动

〈观点〉	安全	设备功能	人	标准作业
〈目的〉	・零事故 ・零火灾 ・维持 3S	・设备稳定运转 ・产品质量 ・生产效率	・技能 ・士气 ・绩效	・作业标准化 ・遵守标准

将以上内容计划成独有的跨领域活动，推进改善

图 13-2　工厂横向串联活动的推进方式（东丽　印尼）

工厂横向活动（跨部门活动）东芝集团内的不同部门交流（CS 公司集团 IE 研修会）
安全、设备功能、人、作业标准的观点实施现场审查

| 提出危险的地方 | 设备功能 | 服装/知识 | 遵守标准作业 |

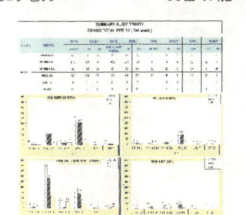

自己提出问题点
指出的项目必须改善
跟踪到改善完成为止

通过横向串联活动推进生产现场的改善

图 13-3　工厂横向活动的推进方式（东丽　印尼）

要跨部门地横推，相互钻研，就需要建立起彼此接受的"场"。这个"场"由管理者、高级管理者来创造。现场课题由于管理水平、现场改善、质量等不同，会出现观点不同的情况，所以要契合实际，创建出合适的"场"，这需要建立起定期开展的机制。

事例3　参加质量监查活动及比赛

东芝信息机器　菲律宾公司

东芝信息机器菲律宾公司为了提升质量及现场监督人员的"发现力"，开展了"3 Way Audits"的质量监察活动（图13-4）。这种机制，首次实施是在自己部门内进行质量监查，第二内部工厂监查（三方核查）发现力

> 质量管理维持、改善的视角，使经营管理审查按照以下步骤实施：
> （1）自部门的自我评审
> （2）实施第二个月的交叉评审
> （3）在第二个月的经营管理评审中，社长及部长巡查每一个板块，实行PDCA循环

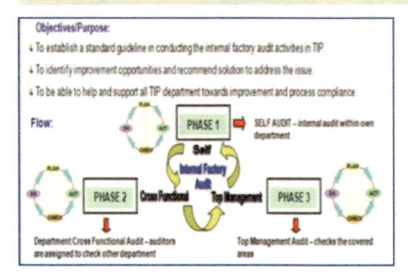

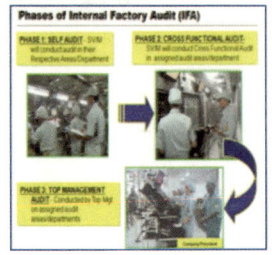

图13-4　质量监查的机制（三方核查）(东芝信息机器　菲律宾公司)

次是横跨部门的质量监查，第三次是部长、社长进行质量监查。通过相互钻研，提升"发现力"，实施PDCA循环。

要使相互钻研、横向推广能够有效发挥作用，就要活用褒奖、表扬的方式。大多数最强工厂是由管理干部来策划、实施这些活动的。

另外，该企业的日本总部会举办全企业的技能比赛（技能系竞技），让当地员工参与，以维持、提升技能，提升干劲儿（**图13-5**）。

参加总部的比赛，不仅是发表自己的事例，还能听到其他工厂的事例，以便进行对标。参加人员回国以后，可作为技术、技能的继承者进行后续的指导，推进指导师的当地化。现在在总部的比赛中，菲律宾分公司的成员总能名列前茅。

事例4　通过企业发表会提升士气　　日立金属　泰国

日立金属泰国公司，一直在开展当地员工的小团队活动发表会，从2012年起，日本日立金属主办的全企业发表会也开始出现泰国员工的身影（**图13-6**）。这个活动比任何活动都能够提升士气，而全企业发表会的优胜者还可以获得去东京迪士尼旅行的奖励，比拼激烈，气氛活跃。

东京技能比赛

参与以东芝全企业为对象实施的技能竞赛，以维持、提升基本技能为目的，实际感受东芝、日本的水平，能提升员工积极性、技能，以及自制化程度。

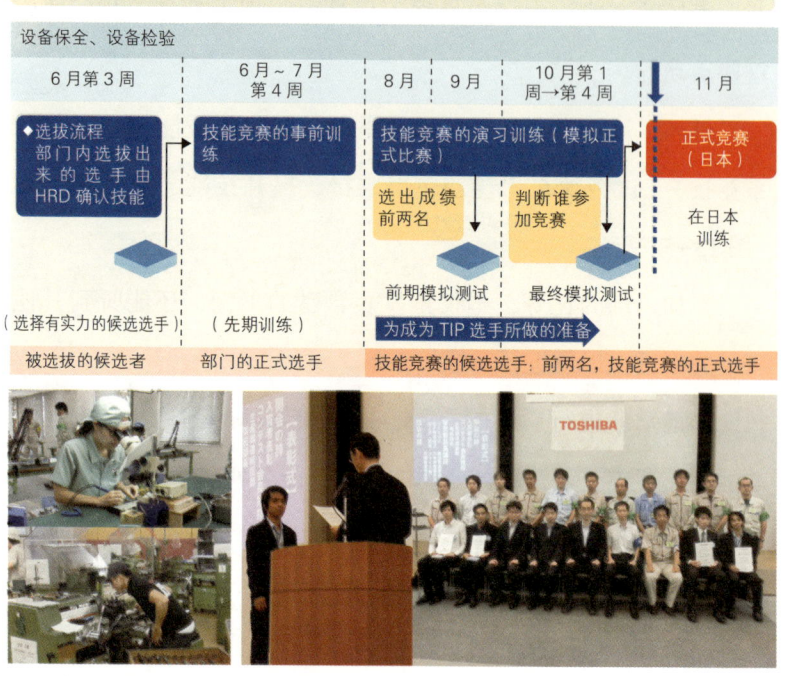

设备保全、设备检验

6月第3周	6月~7月第4周	8月	9月	10月第1周→第4周	11月
◆选拔流程 部门内选拔出来的选手由HRD确认技能	技能竞赛的事前训练	技能竞赛的演习训练（模拟正式比赛）			正式竞赛（日本）
		选出成绩前两名	判断谁参加竞赛		在日本训练
		前期模拟测试	最终模拟测试		
（选择有实力的候选选手）	（先期训练）	为成为TIP选手所做的准备			
被选拔的候选者	部门的正式选手	技能竞赛的候选选手：前两名，技能竞赛的正式选手			

企业内部选拔会

东京技能竞赛颁奖仪式

图13-5　参加全企业技能比赛（东芝信息机器　菲律宾公司）

小组活动培养团队协作！

2012年起企业内的小组活动的获胜小组
参加日立金属举办的全企业发表会
获奖者可以获得东京迪士尼旅游奖，所以竞争很激烈

企业内小组活动发表会

图13-6　小组活动发表会（日立金属　泰国）

成长期 秘诀14 将现场情况可视化，建立解决问题的机制

在生产现场把情况可视化，在管理方面是很重要的一点。要将现场变得更好，就要"发现问题"，为了发现问题，需要想方设法地做到"一眼就能看出问题、异常等""能够让人很快理解是什么问题"。在一般的工作现场，可视化的内容包括"问题""成果""状况""力量""想法""经营"等。

这当中，"问题""状况"的可视化特别重要，对于可看见的内容要迅速应对，只要有问题就要去解决。做好可视化的企业、组织，可以说SQCD（Safety Quality Cost Delivery）的水平很高。最强工厂良好的可视化活动有两大要点。

一个要点是"看不见的事情，无法管理"。首先，要可视化的内容具体是什么呢？如体现出生产数值、现状的图像、数据等。另一方面，看不见的事情包括什么呢？如设备状态，劳动情况等等。需要钻研如何尽量可视化，而可视的方式不同，现场的反应也会不同。

另外一个要点是，正因为是海外工厂，才要积极开展可视化。文化、语言的差异而导致认识上的差异，可以通过可视化相互留意和修正，并能带来其他的效果，如防止事故发生、将成果可视化、使评价公平化。

事例 1　设置能一目了然看出问题的管理板

丰田汽车　印尼

丰田汽车印尼公司为了实现现场的可视化做了很多研究，涉及了产出、生产效率、QCD、交流管理板等内容，本节将为大家介绍在试量产（试制）时采用的 ALL GREEN（全部通过）管理板（**图 14-1**）。

活动的实施内容

| 量产试制管理 | ·"延迟/忘记/遗漏"切实的项目推进
（ABC 经营管理管理板） | ·离线训练中切实掌握
个人掌握水平的可视化 |

分型号将全部确认项目可视化
OK：●绿色
NG　A 级别：●红色
NG　BC 级别：●黄色
运用 ALL GREEN 管理板迈向下一个阶段

图 14-1　量产试制 ALL GREEN 管理板（丰田汽车　印尼）

在这个管理板上提出了大量的在试量产中的课题，采用项目管理的形式。每一个产品型号，所有确认项目用颜色进行管理。OK 是绿色，NG/B、C 级是黄色，NG/A 级别是红色等，都在一个管理板上，让人一目了然。OK 是指没有问题，NG 则根据问题的重要程度分为 ABC 进行管理。通过这样的分级管理能够看出进度情况，因此可以防止遗漏对策。

另外"ALL GREEN 管理板（ABC 经营管理板）"这一名称也是经过了深思熟虑的，刺激大家实现管理板全绿色（全部OK）的意识，所有项目都变成了绿色以后自然就会带来成就感。

事例 2　通过生产情况的可视化培养现场的负责人

东芝信息机器　菲律宾公司

东芝信息机器菲律宾公司将每天的生产以及质量情况可视化，汇报的信息会活用于每天的问题解决，这一活动是源于该企业进行两班生产，在每天的下午 1 点和上午 1 点，生产线管理人员和管理部门全体人员汇集在一起，对前一天的数据进行生产情况和问题点的汇报，这时需要解决问题，必要时要巡视现场，迅速采取措施解决问题（参考第一章"秘诀 8"）。这一活动的优点是经理以上的级别会参加会议，通过听取各流水线的汇报，除了自己负责的流水线，还能掌握所有工厂的情况，培养现场负责人。

事例3　在日度会议中决定对策　　无锡　松下冷机

无锡松下冷机公司根据每天可视化出来的信息，每天召开"4PM 会议（下午 4 点开始的会议）。会议中，质量保证、生产技术、制造的各部门负责人参加，针对异常互相提出自己的见解，研究对策，确定具体行动措施（**图 14-2**）。另外，周度会议上会确认每天提出的问题的解决进度，以避免遗漏对策。对策没有进展的时候则跨部门进行讨论，然后在月度会议中确认对策的效果，以求切实取得成果。

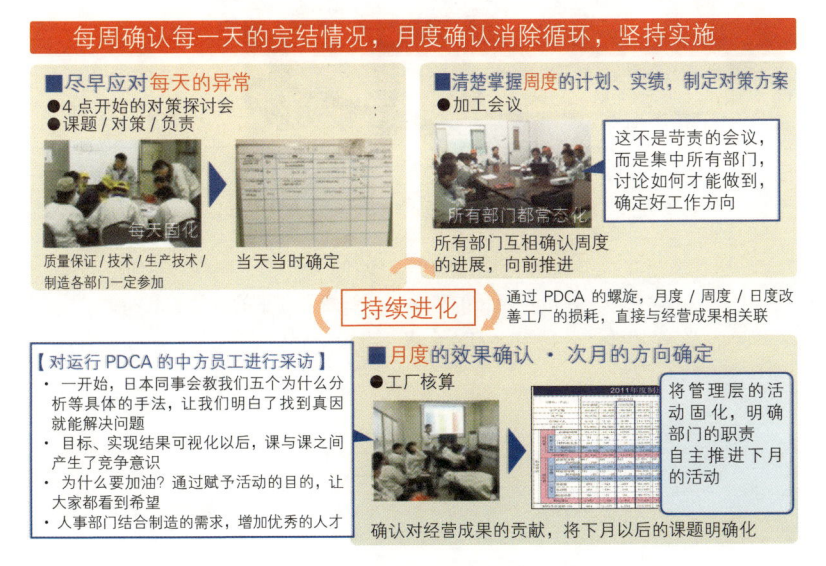

图 14-2　从可视化开始坚持减少工厂损耗（无锡　松下冷机）

事例 4　将作业人员的评价可视化　　日立金属　泰国

日立金属泰国公司做的可视化并不是每天的生产，而是操作员工的评价。这是延续"努力就有回报"的口号，将评价结果公开，实现了公平和开放，如果对评价结果有不满，可以要求评价者解释，而评价对象的不满也能得到消除（**图 14-3**）。

标语"努力就有回报"

S Rank（展示照片，公开姓名）
A Rank（公开姓名）

2005年、2006年工资上涨资金（一律3%）中，25%用于年轻员工的工资调整，一部分用于激励

①生产数量 ②习惯/气质 ③工作质量 ④3S ⑤出勤态度 ⑥提案的六个项目
每月 S·A·B·C·D 的五级别评价（当时最高激励为基本工资的17%）

图 14-3　评价可视化的机制——以建立公平的激励制度
（日立金属　泰国）

成熟期 秘诀 15 活用过去的质量数据，进行改善

质量问题的解决对策大致分为 3 个阶段，那就是①防止问题的流出，②防止发生，③防患于未然。要将新产品投产的话，就要将力量投入到防止不良品的流出，这样大多数问题就能被发现并解决。但是，新产品发售以后也出现过以前的质量问题。

这些问题发生的时候，大部分工厂不会保留质量不合格的数据、对策等记录，这样就很难回溯过去的情况。

在这里介绍活用过去质量问题的数据，并成功使质量得到改善的事例。

事例　通过回顾过去的项目解决问题

丰田汽车　印尼

丰田汽车印尼公司为了实现当地自立化，强化组织体质，回顾了 10 年前的项目。在回顾中发现，产品现场问题长期化的其中一个原因是项目开始时产生的问题没有采取充分的措施解决（图 15-1）。

这一活动是从质量、保全、物流三个层面对过去的记录进行确认（图 15-2）。同时，开展了一系列其他的活动，比如

（1）制造问题的长期化要因

①能做的事、不能做的事不明确，过度自信，相信自己的能力能做到
　→超出能力范围的投产计划
②量产问题被隐藏，投产时直接再次出现
　→由于问题再次发生、频繁发生造成可动率低下（质量／保全／物流）
③量产改善活动评价和直接供应商职能不一致
　→作为直接供应商应该做的事情经常被遗漏、遗忘

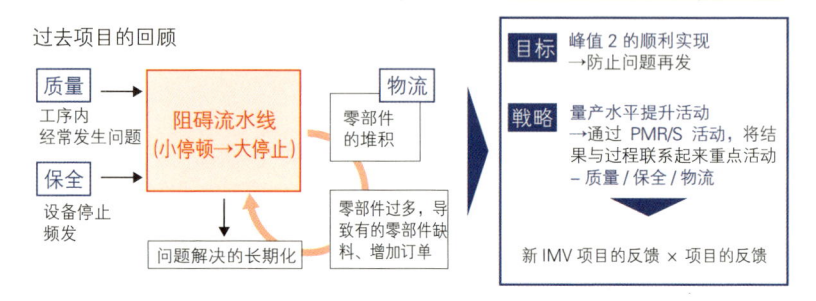

过去项目的回顾

质量	→	阻碍流水线	←	物流
工序内经常发生问题		（小停顿→大停止）		零部件的堆积
保全	→			
设备停止频发		↓	←	零部件过多，导致有的零部件缺料、增加订单
		问题解决的长期化		

目标　峰值 2 的顺利实现
　　　→防止问题再发

战略　量产水平提升活动
　　　→通过 PMR/S 活动，将结果与过程联系起来重点活动
　　　– 质量／保全／物流

新 IMV 项目的反馈 × 项目的反馈

图 15-1　回顾过去的项目（丰田汽车　印尼）

（2）本次的基本开展方针

1. 在现在的量产生产线进行彻底的反思，"在量产中实践"
   （既花钱又花工数，虽然看起来是绕了远路，但这才是挑战）
2. "迈向自立化的坚实脚步以及强化体质"
   （为了更进一步地成长，"坚实生产基础的脚步"，"强化体质"）

①	强化 PMR-S 活动以及踏实地迈向步骤 4（自立化 5 年计划的推进）	
②	①+ 量产水平提升活动，"自己的城池自己守"	
	质量	・通过跨职能，实现车间完结活动及良品条件管理 ・对重要质量管理点，以自制／供应商工序整体进行点检、保证
	保全	减少长时间停止、降低频发故障、将量产问题反映到设备上
	物流	构建切实的节点管理以及及时配送到生产的机制
③	所有部门都现地现物地推进"没有延迟、遗忘、遗漏"投产准备作业 　通过线外的作业训练掌握操作内容，梳理出难度较高的作业 （通过跟着做训练，使得训练师的指导力、个人掌握水平可视化）	

图 15-2　活动的开展方针与实施内容（丰田汽车　印尼）

"投产时就要全部解决，让全体员工找出所有问题""横跨车间互相找出问题，进行可视化""彻底对问题进行分析，找到具体的措施"。车间是指涂装、冲压、物流、保全等各工序，通过盘点所有的工序，力求解决问题。

另外，该企业就像"秘诀14"里面的事例1，使用了ABC经营管理板，为了防止延迟、遗漏、忘记，全体员工对所有事情都能够掌握。分型号将所有确认项目可视化，在绿色管理板上就能够进行到下一个阶段。

在这里介绍的事例，特别应该提到的是"10年前的记录也做好了管理""将所有问题都明确化，实现早期解决""将问题可视化出来绝对不拖延"这些活动，通过这一连串的举措来解决质量问题。

| 成长期 秘诀 16 | 成立策划和推进改善的组织，培养专家 |

工厂的本职工作是产品制造，如何迅速实现自立化是最重要的。要提高工厂的生产效率，安全当然不用说，设备、现场环境这些硬件方面和人才培养、管理方法这些软件方面都要齐备。

特别是海外工厂的自立化，当地人才的培养、研修都不可或缺，直接导入在日本理所当然运行的 OJT、OFF-JT，并不能完全解决问题。在这里，为大家介绍海外工厂的人才培养。

事例 1　成立专业组织，推进改善　　丰田汽车　泰国

丰田汽车泰国公司的组织架构包括会计本部、管理本部、采购本部、生产技术本部、CS 本部、质量本部、科技中心本部等部门，还有制造支援本部（**图 16-1**）。制造支援本部由工厂运营支援部、制造准备支援部、AP-GPC 部（Asia Pacific Global Production Center）的组织构成。

工厂运营支援部负责 AP 地区的自立化支援（评价与指导），制造准备支援部同样负责 AP 地区的制造准备自立化支援，AP-GPC 则是技能训练、技能大赛、QC 小团队（小团队改善活

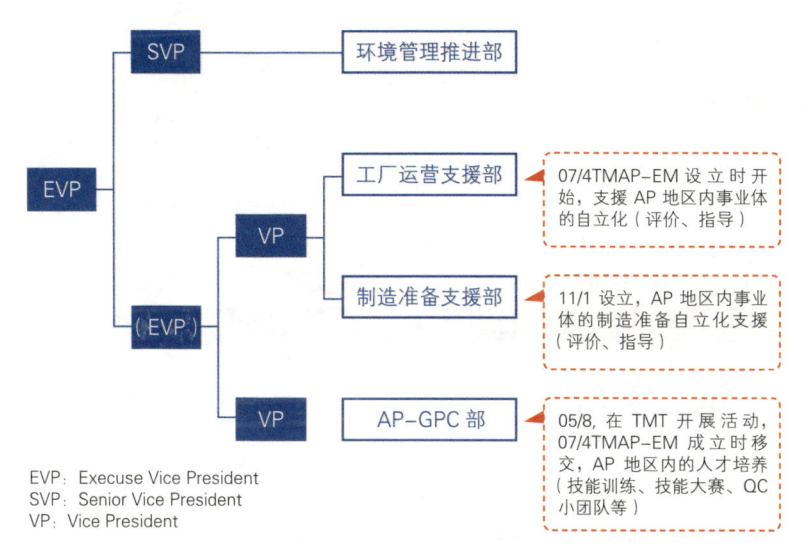

第2章 培养出有活力的组织，钻研如何推进改善

```
         ┌─ SVP ──── 环境管理推进部
         │
         │          ┌─ 工厂运营支援部  ◄── 07/4TMAP-EM 设立时开
         │          │                    始，支援 AP 地区内事业体
EVP ─────┤          │                    的自立化（评价、指导）
         │          │
         │          │─ 制造准备支援部  ◄── 11/1 设立，AP 地区内事业
         └─(EVP)─ VP│                    体的制造准备自立化支援
                    │                    （评价、指导）
                    │
                    └─ AP-GPC 部      ◄── 05/8，在 TMT 开展活动，
                       VP                 07/4TMAP-EM 成立时移
                                          交，AP 地区内的人才培养
                                          （技能训练、技能大赛、QC
                                          小团队等）
```

EVP：Execuse Vice President
SVP：Senior Vice President
VP：Vice President

图 16-1　制造支援本部的业务内容（丰田汽车　泰国）

动）等人才培养的工作。

图 16-2 是 AP-GPC 的"产品制造人才培养"中的职责与定位，该企业以地区自立运营为目标，建立了健全的专业组织策划、推进改善的体制。

事例 2　成立专门组织，培养改善人才

大金工业　上海

大金工业上海公司创立时的目标是"成为提升产品制造力，打造具有挑战性的产品制造集团"，将人才力作为基础，在安全、质量、交期遵守、生产效率提升等产品制造力方面提升作

103

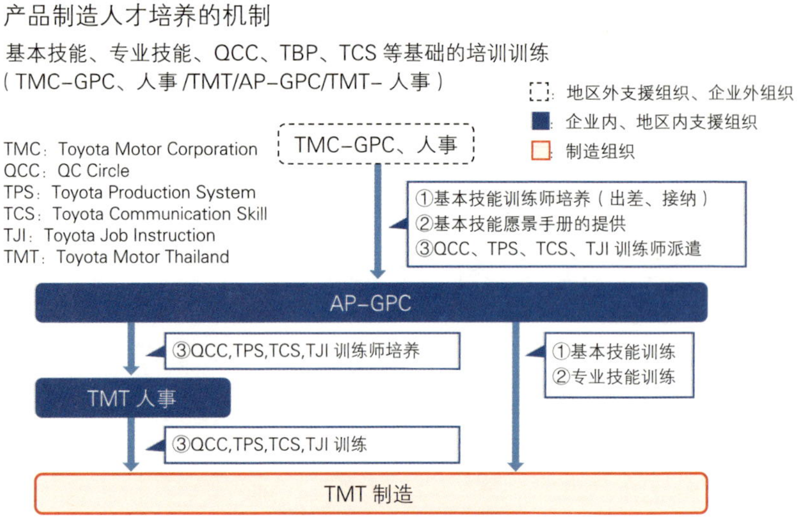

产品制造人才培养的机制

基本技能、专业技能、QCC、TBP、TCS 等基础的培训训练
（TMC-GPC、人事/TMT/AP-GPC/TMT- 人事）

TMC：Toyota Motor Corporation
QCC：QC Circle
TPS：Toyota Production System
TCS：Toyota Communication Skill
TJI：Toyota Job Instruction
TMT：Toyota Motor Thailand

图例：
- 地区外支援组织、企业外组织
- 企业内、地区内支援组织
- 制造组织

TMC-GPC、人事
① 基本技能训练师培养（出差、接纳）
② 基本技能愿景手册的提供
③ QCC、TPS、TCS、TJI 训练师派遣

AP-GPC
③ QCC,TPS,TCS,TJI 训练师培养
① 基本技能训练
② 专业技能训练

TMT 人事
③ QCC,TPS,TCS,TJI 训练

TMT 制造

图 16-2　AP-GPC 的职责（丰田汽车　泰国）

为努力的方向，理想状态是成为具有自主性、良好精神面貌、活力、英气、"不动摇"、"勇于挑战" 的产品制造集团。

该企业把大金的 PDS 作为基本原则，成立了"生产力强化室"，致力于培养人才（参考"秘诀 11"图 11-3），生产力强化室的人才培养课程中包括 PDS 讲座 5 天课程，PDS 改善实习 5 天课程等，不仅是实际的改善，还通过确认指导师的指导力，进行广泛的培训。

而同集团的大金工业泰国公司也有一套自己的办法，那就是选拔出来的当地员工经过在日本研修学习 PDS 后（大金工业上海公司也是同样的），并不是回到自己的流水线，而是用一年的时间专职做每个月一个课题的改善推进支援工作。

在这项工作当中，这些员工要全盘负责课题的选定、改善指导与建议、汇报会的企划、推进等所有工作。该企业采用的方法是成立改善专职推进组织，打造出能专注推进、指导改善的环境来培养人才。

| 成长期 秘诀17 | 描绘三年后现场流水线的应有姿态 |

第一章提到企业制定未来愿景的重要性，在现场描绘出"应有姿态（愿景）"同样很重要。特别是海外工厂，有很多员工不知道世界高科技工厂的存在，所以有时候考虑目标时会偏低。

制定愿景的时候，要把握目前的流水线、工序、工作现场的环境，了解世界较高水平的工厂，把自己希望达到的状态和当地员工做充分的沟通。通过和当地员工沟通，使得彼此理解，将组织的主轴整合成共同的方向。

进一步要做的是，要与员工对多年后的工厂理想状态形成共识，才能让员工产生接下来必须要做什么的自主性。

事例　探讨愿景，具体地设定出 SQCD　　电装　泰国

第一章介绍的电装泰国公司的 EF（Excellent Factory）活动中，以成为理想工厂为目标，把"促进当地员工成长"作为理想工厂的条件之一。在讨论"三年后的工厂应该是什么样的"时，该企业以一年为单位，对 SQCD 设定了具体的目标。

第2章 培养出有活力的组织，钻研如何推进改善

这些内容都会和员工形成共识，共同努力创造出工厂的美好未来（**图 17-1**）。

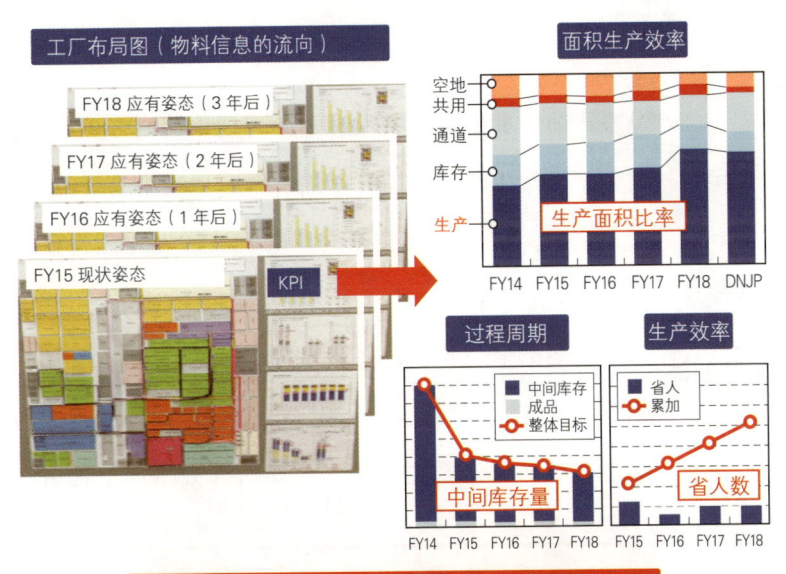

图 17-1 从整体角度出发的改善，三年以后的工厂物料信息流动图
（电装　泰国）

107

| 成长期 秘诀 18 | 投产时要在再现性程度高的临时流水线中进行模拟 |

新产品投产时，如果是一条没有不合理现象的良好生产线，开始运转时就不会产生问题。而且增加产量时也很容易就改善，能顺利地进行生产。这种理想生产线在电装被称为"天生良好的流水线"，在新机型投产的时候，如何才能打造一条天生优质的流水线，是需要举全企业之力去努力的。

即便作为生产技术部门在一开始阶段就以这种流水线作为目标，但总是很难做得这么完美，无论如何都会出现不合格和设备问题。

要想打造一条天生优质的流水线，工厂常常通过模拟的方式来实现，图纸、画面往往很难理解，精度也不够。但演练需要尽可能模拟与现实情况相同的场景，电装采取的方式是利用一些临时流水线来开展交流意见等工作。

事例　用纸箱搭建临时流水线　　　　　　电装　泰国

电装泰国公司为了打造完美的流水线，用纸箱代替临时设备进行演练（图18-1）。用纸箱搭建和流水线同样尺寸的临时流水线进行实际操作，研究作业改善、产量变动时的应对，自动化等等。根据从这当中所获取的数据来考量设备的设计，来完善生产线。搭建实际流水线时，通过前期尝试可以尽早发现问题。电装之道中包含了"群策群力"这一项，也就是说要集合组织整体的智慧来开展工作。

纸箱演练

①作业改善
（从不合理、不均衡、浪费方面进行排除）

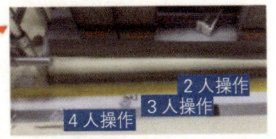

②数量变动时的探讨
2人操作
3人操作
4人操作
数量变动时的作业人员配置和作业内容

③质量的探讨
质量保证
标准作业

④自动化的探讨
· 简单规格
· 人的操作与协调
· 保全性

生产课、生产技术、保全是一体的，
从生产准备阶段开始就现地现物地改善

图 18-1　纸箱演习，从开头就做好流水线搭建（电装　泰国）

109

第 3 章

提高组织力

海外工厂在不同国家和地区运营，会由于文化、历史的影响而产生很大的差异，应该发挥出该地区的特征，并做深入的研究，因为文化、习惯、语言、生活等和日本都极其不同，所以以日本的做法为基础，需要慎重地探讨在运营工厂时要增加哪些变量。

实现最强工厂，在组织、人事方面应该要考虑的要点有以下内容：

·**结合正在发展的工厂的特点，考虑每一个经理的管理范围**

·**明确常驻海外的日本员工的职责**

·**在日益扩大的业务中，要考虑如何吸收员工的不满、问题点**

·**要朝着实现自立化的目标，培养当地员工**

·**要研究正在成长的工厂的员工评价、褒奖等是否公平、公正**

·**要研究为了进一步地成长，应该如何强化组织力**

员工不断地积累经验，然后使得 QCD 得到改善，销售量增加，业务就会扩大。当初只有 10 个人组成的流水线，现在变成

15人、30人，即使这样，也出现了做不过来的情况，只好增加流水线，进一步增加人员。之前可以由一个经理进行管理，但随着生产量、员工的增加，一个人无法顾得过来，就需要启用新的经理。

这时候，往往会出现为了支援新任经理，日本员工直接口头对具体的工作下达指令，这反而招致了当地员工的不信任感。这样一来，对于日本员工的不信任就不仅仅是一个经理了，很可能会就此蔓延到整个现场。为了避免这样的事态，培养当地员工便成为了重要的课题。同时，构建当地员工和日本员工的信任关系，必须全企业员工形成一体共同成长。

本章将把目标工厂的状态共有化，完善组织、体制，克服困难情况的最强工厂实例介绍给大家。

> 初创期
> 秘诀 19

时常关注现场负责人的管理单位

经营学、组织论中,领导、经理对于部门的业务领域、人员数量进行管理叫作管理单位(Span Of Control),花了很多年实施改善、改革的日本国内工厂,重新关注管理单位的企业也很少。但是,海外工厂的生产量激增,出现了一名经理要管理100人以上的员工的情况,这样的情况下要关心到每一个员工恐怕很难。

事例 1　通过重新审视管理单位,改善现场

丰田汽车　印度

1997年设立的丰田汽车印度公司,当时有15名主管。其中,有些员工被派到日本工厂,有些员工参加外部研修的AOTS(The Association for Overseas Techinical Cooperation and Sustainable Partnerships,海外技术者研修协会)。主管各管理3名班长,班长下面平均配备8个员工。一开始的组织很小,所以相互之间的沟通交流很密切,主管可以掌握班长的烦恼,各班的情况。另外,进行技术指导的日本常驻员工也在企业里,除了技术方面,还可以在人才管理上提出建议。

但是，工厂创立后经过5年，随着生产量的增加，管理单位扩大，一名班长要管理很多员工，从那时就开始产生无法预期的不合格品，员工爆发不满，再持续一段时间，工作态度不好的员工开始出现了，问题越来越严重。而即使是站在现场经营管理立场的监督者也开始认为："现场运营变得困难，都是因为公司不改变待遇。"

接到这类问题的人事部门开始调查，当初认为班长的管理能力不足是原因，但是最终领悟到这是以偏概全。组织的急速扩张，造成主管需要平均管理5名以上的班长，班长需要管理10名以上的员工，难免会顾及不到。

因此，该企业和主管探讨管理单位的大小，重新思考一名监督人员的管理人数。因为印度公司的生产量有增加的趋势，所以把日本常驻员工安排为部门责任人，让日本人担任协调的角色。还确定了一个主管管理3名班长，一名班长管理6名员工的规则。主管、班长都增加了新任命的员工，使得每个主管、班长的管理范围减小，这么做以后，现场的运营顺利多了。

管理单位的合理人数到底应该是多少，不同的生产现场情况不同，所以无法一概而论，但是管理者要经常确认人员配置是否合理，这是一项很重要的工作。该企业在推进现地化的时候，从经营层到现场的班长，都要重视吻合现场特性的管理范围（**图19-1**）。

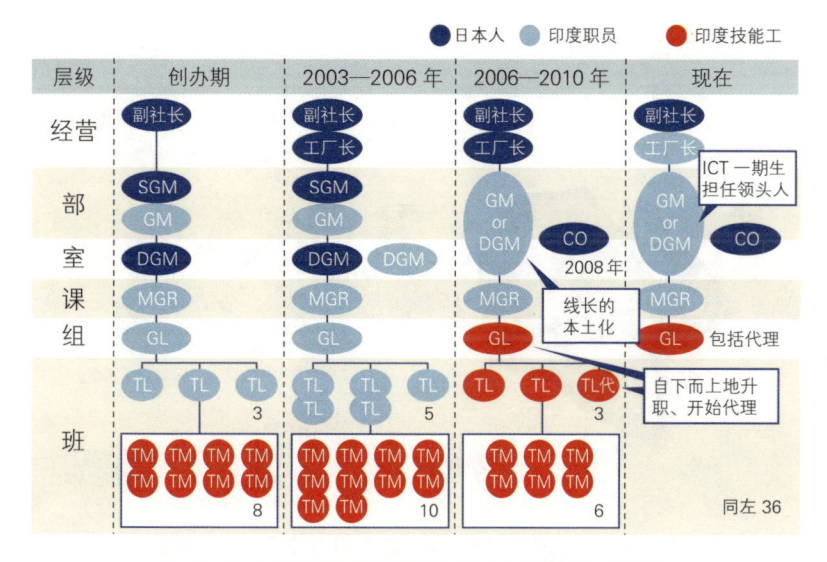

图 19-1　工厂的组织体制及变化（丰田汽车　印度）

事例 2　落实到管理单位的评价指标　丰田纺织　泰国

　　管理单位确认如何落实到现场的指标中，这是需要琢磨的。丰田纺织泰国公司的现场运营评价指标中，有"要员管理"及"人员配置"的项目，现场中要管理是否配备了最合理的人数，是否能很好地管理员工（**图 19-2**）。这样的定期评价，对于促进现场员工思考目前是否是最合理的管理单位，是一个很好的机会。

加深交流，持续改善，员工的意识也会发生变化

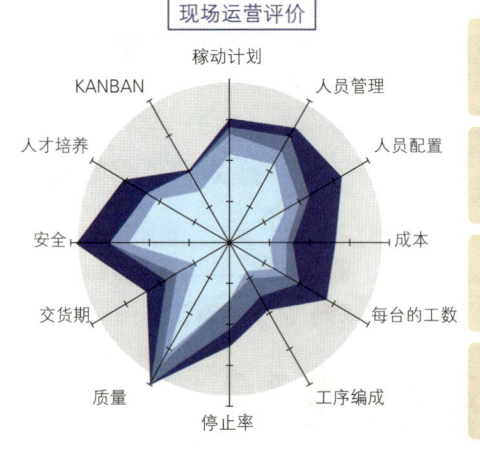

现场运营评价

雷达图坐标轴：稼动计划、人员管理、人员配置、成本、每台的工数、工序编成、停止率、质量、交货期、安全、人才培养、KANBAN

2007年
- 现场即使有零部件掉了也没有人在意
- 周末集中无故缺勤

2008年
- 泰国员工开始有了改善想法
- 掉落的零部件、现场垃圾减少了

2009年
- 提出问题，能改善
- 团队协作变好，无故缺勤减少

2010年—现在
- 将改善坚持到底的文化固化了下来
- 泰国员工能对本国员工进行培训/指导

图 19-2　员工的变化及现场力的提升（丰田纺织　泰国）

| 成长期 秘诀 20 | 及时掌握员工的不满，采取措施，提高整体感 |

对于现场的人员来说，休息区是否在自己操作的附近，这是一个很重要的问题。但是，注意到这些事情的是实际进行操作的人员，并不是管理者和监督者，正因为如此，需要意识到要掌握每一个人的困惑和不满是需要下功夫的。

事例 1　通过"课题提出管理板"提升员工的满意度

丰田汽车　印度

丰田汽车印度公司的 WPI（Work Place Improvement）活动（图 20-1）里，现场员工如果提出"希望为我们改善这些地方"，那么就会被记录在"课题提出管理板"中让全员都能看到。具体的意见有"在靠近作业区域的地方希望有休息区""作业过程中地面高度不一，容易绊倒，所以难以操作""移动距离太长"等，这个管理板上记录着实际操作的员工们每天的烦恼。

针对这些意见是如何改善的，该管理板上也会记录。此外，还可以开展改善结果的满意度调查。该企业迄今为止已收到从现场回收回来的 4008 份意见，有 3651 份意见得到了改善。

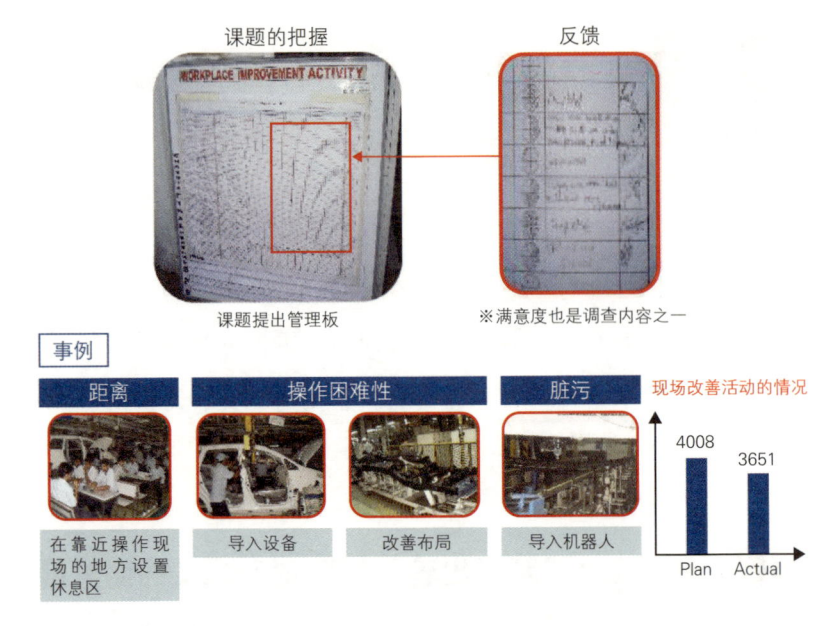

图 20-1 WPI（Work Place Improvement）活动（丰田汽车　印度）

事例2　活用多种沟通渠道　　　　　丰田汽车　印尼

丰田汽车印尼公司开展了员工之声活动（参考第 1 章 "秘诀 8"），在活动中监督人员会听取员工的烦恼、问题点，监督者和员工之间的信任是很关键的。只有相互构建了信任关系，才可能形成良好的沟通交流。

该企业还有以人事部门为主体开展的现场面谈人员（ERO：Employee Relation Office）制度。现场面谈人员，主要是为了尽早把握现场的问题，将解决问题作为任务，努力听取当地员工的意见（**图 20-2**）。吸收工厂所有员工的意见，运用能改善环境的多个沟通渠道，实施对策的方法值得我们参考。

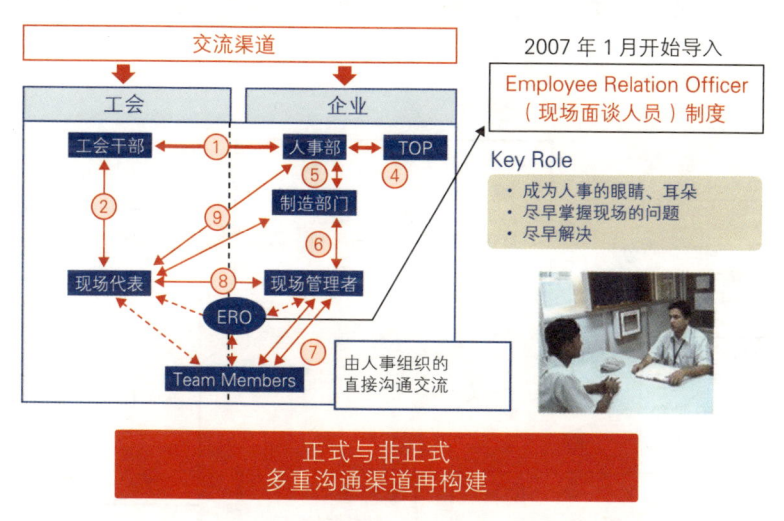

图 20-2　交流渠道（丰田汽车　印尼）

事例 3　通过各种方法收集到的意见要和员工共享

富士施乐　深圳

富士施乐深圳公司开展了 EAP（Employee Assistance Program）（参考第 7 章 "秘诀 44"），这是一个支援员工的项目，用各种方法主动收集员工的意见，除了第 1 章 "秘诀 8" 中介绍的 CSR 意见箱（每周回收，确认）外，每年 6 月份，该企业都会让员工填写调查问卷，分析结果后制订相应的计划。同时针对员工提出的意见，必要时会策划面向员工的讲座，开发促进员工成长的课程。

另外，收集回来的意见会发布在内部网上，并且定期进行汇报，使全员共享。

调查①
- 问卷调查分析
: 每年6月份实施

倾听②
- 意见箱
: 每周一次的回收及确认
: 意见和回答在内部报刊、内部网、EAP月报中公开

计划①
- 问卷调查分析
- 制订计划
- 每月7月实施

评价
- 期间评价
- 综合评价

EAP Employee Assistance Program

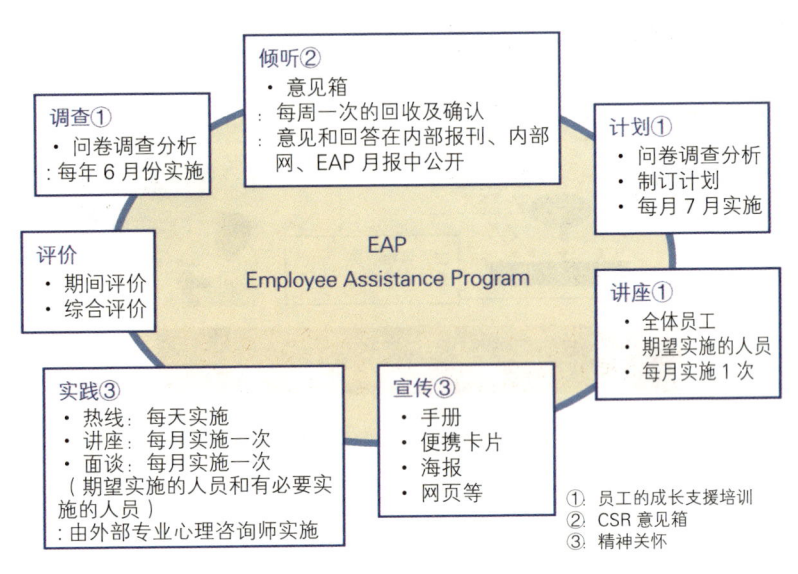

讲座①
- 全体员工
- 期望实施的人员
- 每月实施1次

实践③
- 热线：每天实施
- 讲座：每月实施一次
- 面谈：每月实施一次
（期望实施的人员和有必要实施的人员）
: 由外部专业心理咨询师实施

宣传③
- 手册
- 便携卡片
- 海报
- 网页等

① 员工的成长支援培训
② CSR意见箱
③ 精神关怀

图 20-3　员工支援课程 EAP 机制（富士施乐　深圳）

> **成长期 秘诀 21** 明确日本员工的职责以培养当地的经理

海外工厂中，培养当地经理是很重要的课题。为此，各个企业都在建立不同的机制，组织日本研修、地区共同研修等活动。当然，研修中不仅是讲座，还会采用 OJT 方式，在日常的实践场景中培养经理。

日本员工被派驻到海外时，有技术、技能，又具备经营管理经验的人员会去指导现场。每次指导时，最强工厂都会意识到要培养自己的继任者（=当地的经理）。日本员工不仅在技术、技能，在担任经理方面也需要做出良好的榜样，这当中曾经出现过由于日本经理的立场含糊不清而导致现场混乱的情况。

最强工厂在培养当地经理时，特地在组织架构图上明确日本员工的职责和头衔，并让全体员工都能知悉。

事例 1　日本员工是顾问　　　　　　　　电装　泰国

电装泰国公司以 OJT 为核心开展人才培养的工作，以前"指导师在发生问题的时候进行指导"或者"只在下属询问意见的时候才会教授下属"的类型居多，这是一种毫无计划性的"被动的 OJT（Passive OJT）"，现在变为了基于培养目标、培养计划，自身主动的"主动 OJT（Proactive OJT）"。

该企业的积极 OJT 当中，日本职员以顾问的头衔在各个阶段指导当地的员工（图 21-1）。虽然也会站在大家前面直接下达指令，但更多的还是以顾问的定位努力促进当地经理的自立化。

Proacitve OJT 的步骤及支援工具

■ OJT 步骤

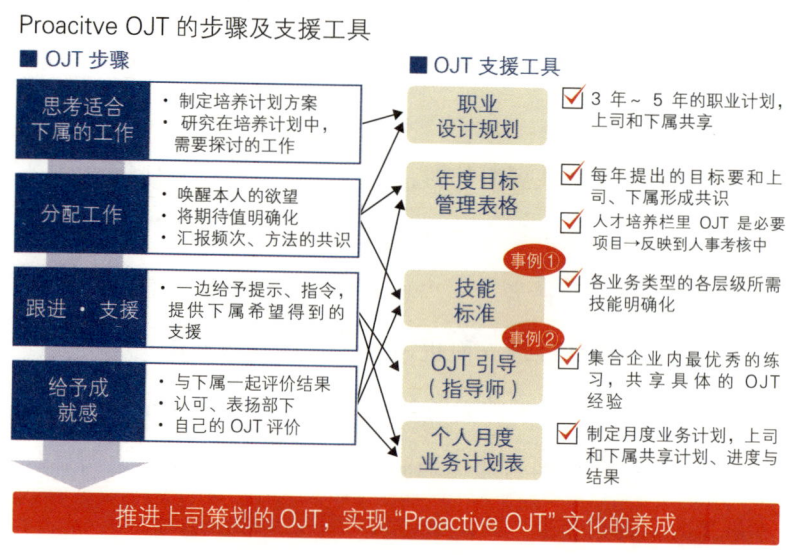

思考适合下属的工作	・制定培养计划方案 ・研究在培养计划中，需要探讨的工作
分配工作	・唤醒本人的欲望 ・将期待值明确化 ・汇报频次、方法的共识
跟进・支援	・一边给予提示、指令，提供下属希望得到的支援
给予成就感	・与下属一起评价结果 ・认可、表扬部下 ・自己的 OJT 评价

■ OJT 支援工具

职业设计规划	☑ 3 年～5 年的职业计划，上司和下属共享
年度目标管理表格	☑ 每年提出的目标要和上司、下属形成共识 ☑ 人才培养栏里 OJT 是必要项目→反映到人事考核中
技能标准 （事例①）	☑ 各业务类型的各层级所需技能明确化
OJT 引导（指导师）（事例②）	☑ 集合企业内最优秀的练习，共享具体的 OJT 经验
个人月度业务计划表	☑ 制定月度业务计划，上司和下属共享计划、进度与结果

推进上司策划的 OJT，实现"Proactive OJT"文化的养成

图 21-1　自主策划的 Proactive OJT 步骤（电装　泰国）

事例 2　通过协调员制度培养经理　　丰田汽车　印尼

丰田汽车印尼公司实行了对当地员工进行早期培养的措施，该工厂有员工 6000 人，工厂面临的课题之一是，有一半以上的员工都是 20 多岁的年轻人，经验尚浅。尽早地培养出当地人才

成为当务之急，而该企业为了应对高速成长期，还增加了派驻当地的日本员工。派驻的日本员工除了担任两名董事外，他们还作为当地经理的顾问，对经营管理本土化的实现提供支持，同时承担起总部与分公司之间的衔接工作。

在这样的状况下，为了培养当地的经理，该企业采取的方针是协调员制度（**图21-2**）。组织上，所有的经理由当地员工担任，日本员工被明确地定位为协调员。每天的现场运营则由日本员工牵头，当地经理组织开展实践，通过这种方式传递工作经验。

在其他企业的工厂，日本人则作为教练采取同样的方式进行指导，这种将日本员工职责明确化、可视化的方式也促进了当地的自立化。

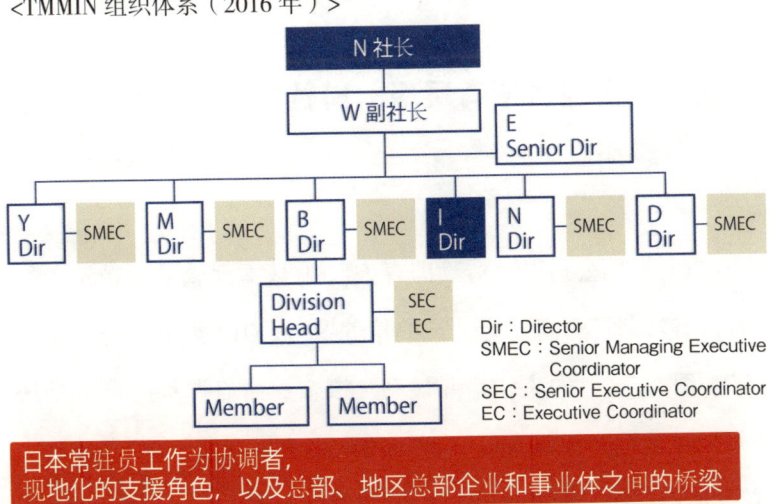

<TMMIN 组织体系（2016年）>

```
                    N 社长
                      │
                  W 副社长 ── E Senior Dir
  ┌──────┬──────┬──────┬──────┬──────┐
Y Dir  M Dir  B Dir  I Dir  N Dir  D Dir
 SMEC   SMEC   SMEC          SMEC   SMEC
                │
          Division Head ── SEC / EC
            │       │
         Member  Member
```

Dir：Director
SMEC：Senior Managing Executive Coordinator
SEC：Senior Executive Coordinator
EC：Executive Coordinator

日本常驻员工作为协调者，
现地化的支援角色，以及总部、地区总部企业和事业体之间的桥梁

图21-2　日本常驻员工的协调制度（丰田汽车　印尼）

成长期 秘诀22　构建培养当地人才的体系，展示成长过程

对于海外工厂来说，要召集优秀的当地人才，需要描绘出现有的当地员工的职业规划。在第4章的"秘诀30"中会详细介绍到，有的工厂通过展现WLP（Working Life Plan），将员工成长所需要的培训、训练可视化出来。

对于当地员工来说，通过在企业工作，"自我成长""感受到成长的可能性"是非常重要的。在日本研修，与日本员工一起工作，同样能够感受到工作的价值。构筑人才培养的体系，展现成长的步骤，能提升员工的积极性。

事例　提供包含所有层级、岗位在内的培训、训练场所

电装　泰国

电装泰国公司以"造物即育人"为基本理念，建立起"各阶层研修课程""高技能人员的培养""以OJT为中心的人才培养"（图22-1）的人才培养体系。该企业研修课程的特点是从"短期员工"、"操作人员"到"团队带头人"、"经理"、"GM"，包含所有层级、所有岗位在内的体系化运行，"个人能力培养"和"专业技能培养"都是分阶段进行学习（图22-2）。

第3章 提高组织力

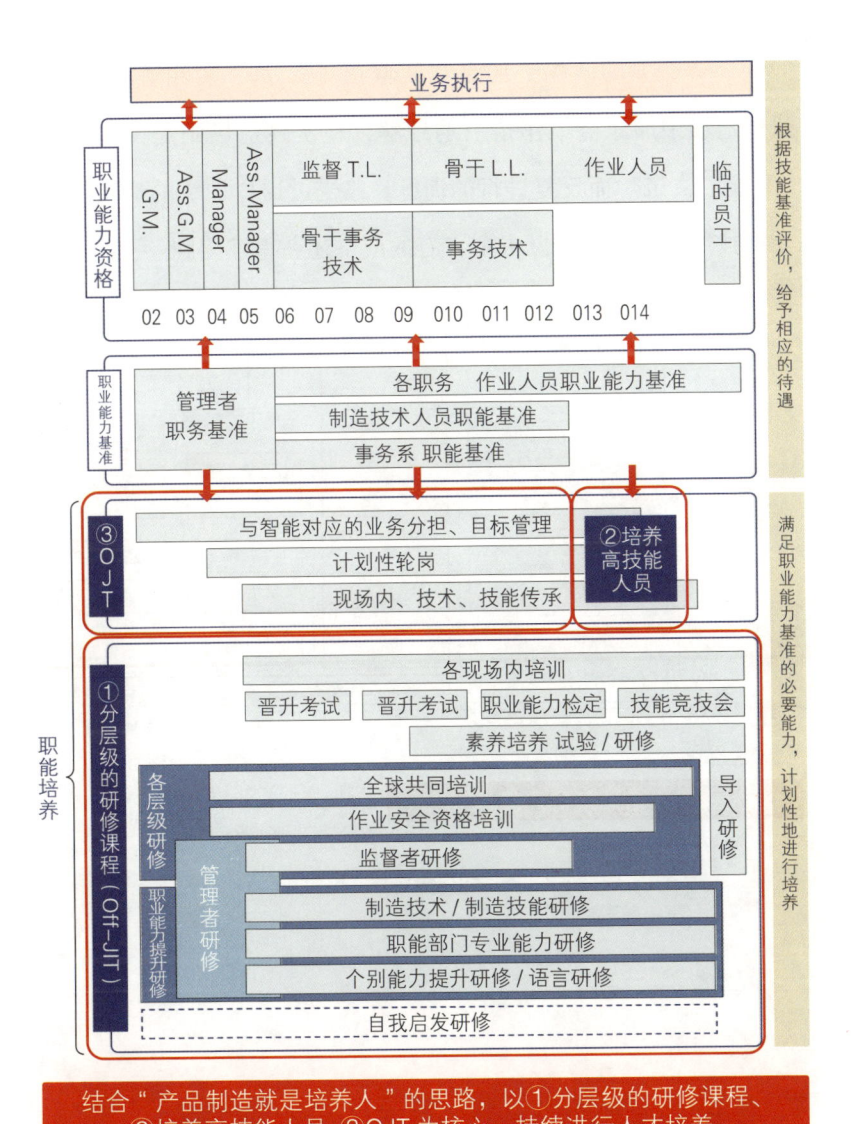

```
业务执行
```

职业能力资格：G.M. / Ass.G.M / Manager / Ass.Manager / 监督 T.L. / 骨干 L.L. / 作业人员 / 临时员工
骨干事务技术 / 事务技术
02 03 04 05 06 07 08 09 010 011 012 013 014

职业能力基准：
- 管理者职务基准
- 各职务 作业人员职业能力基准
- 制造技术人员职能基准
- 事务系 职能基准

③OJT：
- 与智能对应的业务分担、目标管理
- 计划性轮岗
- 现场内、技术、技能传承

②培养高技能人员

职能培养：
①分层级的研修课程（Off-JT）
- 各现场内培训
- 晋升考试 / 晋升考试 / 职业能力检定 / 技能竞技会
- 素养培养 试验/研修

各层级研修：
- 全球共同培训
- 作业安全资格培训
- 监督者研修

管理者研修／职业能力提升研修：
- 制造技术／制造技能研修
- 职能部门专业能力研修
- 个别能力提升研修／语言研修

导入研修

自我启发研修

根据技能基准评价，给予相应的待遇

满足职业能力基准的必要能力，计划性地进行培养

结合"产品制造就是培养人"的思路，以①分层级的研修课程、②培养高技能人员、③OJT 为核心，持续进行人才培养

图 22-1　人才培养的体系（电装　泰国）

127

人员培养中，重要的不是课程，而是要创建教育、训练的"场"，该企业的"场"便是"研修道场"和"实践道场"。在研修道场中加深对工作指引的理解，在实践道场则是为了掌握"经验、诀窍"而反复进行的训练。接受过这样训练的成员可以参加技能奥运会等国际大赛，有的成员还获得了奖牌。

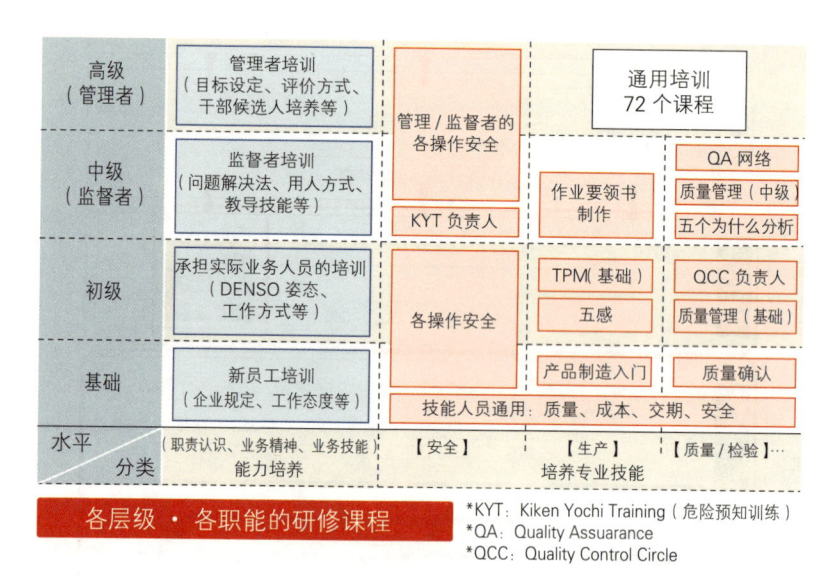

水平	分类	职责认识、业务精神、业务技能能力培养	【安全】	【生产】培养专业技能	【质量/检验】…
高级（管理者）		管理者培训（目标设定、评价方式、干部候选人培养等）	管理/监督者的各操作安全	通用培训 72个课程	
中级（监督者）		监督者培训（问题解决法、用人方式、教导技能等）	KYT负责人	作业要领书制作	QA网络 质量管理（中级） 五个为什么分析
初级		承担实际业务人员的培训（DENSO姿态、工作方式等）	各操作安全	TPM（基础） 五感	QCC负责人 质量管理（基础）
基础		新员工培训（企业规定、工作态度等）		产品制造入门	质量确认
				技能人员通用：质量、成本、交期、安全	

各层级・各职能的研修课程

*KYT：Kiken Yochi Training（危险预知训练）
*QA：Quality Assuarance
*QCC：Quality Control Circle

图22-2 各层级研修课程（电装 泰国）

成长期 秘诀23　无论日本员工还是当地员工，都要进行公平公正的评价

日本企业在海外设立工厂，有的企业会招募当地员工，一切从零开始。也有的企业和当地的制造厂家合并，从而启动业务。通过合资、合并等很多程序才最终成立的工厂，常常会遇到员工们来自不同企业的现实情况，在这样的环境下，要做出公平、公正的评价是工厂运营的关键点。"与之前的评价不同""职责、期待和以前不一样了"等等，各种各样的课题都有可能碰到。每个人之前工作的环境虽然有差异，但从员工的立场来考虑，他们希望得到公平公正的评价也不为过。重点是，对日本员工、当地员工都要公平公正。本节将介绍几家最强工厂所采用的公平公正的评价方法。

事例1　每月评价员工，并公布评价结果

日立金属　泰国

日立金属泰国公司明确提出，公平公正是经营管理的基本理念，每个月的员工评价都会予以公布。作为前面提及的"努力就有回报的活动"的一个环节，该企业导入了PBS（Performance Based System）。

PBS 的评价基准分为①生产数、②习惯、气质、③工作的质量、④3S、⑤出勤态度、⑥提案六个项目，每个月针对这些项目对每一位员工从 S、A、B、C、D 五个阶段评价，并进行公布。通过设置这样的评价基准来提升生产效率，对于评价结果有意见可以要求解释，而晋升条件中也加入了年度评价（基本原则是依据 12 个月的平均值进行评价）。

事例 2　重视双向的沟通交流

NEC PLATFORMS　泰国

NEC PLATFORMS 泰国公司将整合以后的两家制造企业的强项发挥到了极致，整合后的公司一方面希望扩大核心业务在全球市场上的份额，另一方面希望谋求新业务的扩充，打造全球领先的工厂，为此在企业体质改善上开展了很多工作。考虑到要改善企业的体制，就需要放眼中长期培养人才，对本地人才进行公平、公正的评价。企业合并后，该企业有一段时间采用了各种各样的方法评估员工的业绩，导致员工的不满层出不穷。

在这样的背景之下，NEC PLATFORMS 泰国公司采取的其中一个措施是"Two Ways Management"的评价机制（**图 23-1**）。这一评价方法在于重视上司、下属（双向）的沟通交流，以每天、每年为单位实现及时的交流。这一体系融合了"评价结果与报酬联动""个人目标与部门目标联动"的要素。

图 23-1　2 Way 职能员工的评价法（NEC PLATFORMS　泰国）

成长期 秘诀24 立于中长期的视角，持续地强化组织力

组织力的强化，并非是一朝一夕就能做到的。大部分的最强工厂花了很长时间加强组织力，从多个方面放眼中长期，阶段性地开展工作。特别是海外工厂，并不是同样的人，长年担任工厂的高层，一般三年或者五年就会更替。还有进驻海外已经多年的工厂，进驻之初的当地员工在减少，工厂的职责也发生着变化，于是工厂瞄准时机再一次实施组织力强化的活动，强化组织力的关键在于坚持。

事例1　重新审视员工培训制度　　　东丽　印尼

1974年开始投产的东丽印尼公司从投产至今已经走过了40年的时间，当时的员工几乎都离开了企业，第二代的管理人员也接近退休的年龄，将接力棒交接给下一代员工的任务日益临近。为此，工厂以"教育体制的再构建"作为第五个项目，重新思索员工的培训制度。教育体系在每一个职位都是共通的，主要开展"安全""士气""统率力""知识""技能"等项目的培训（图24-1）。

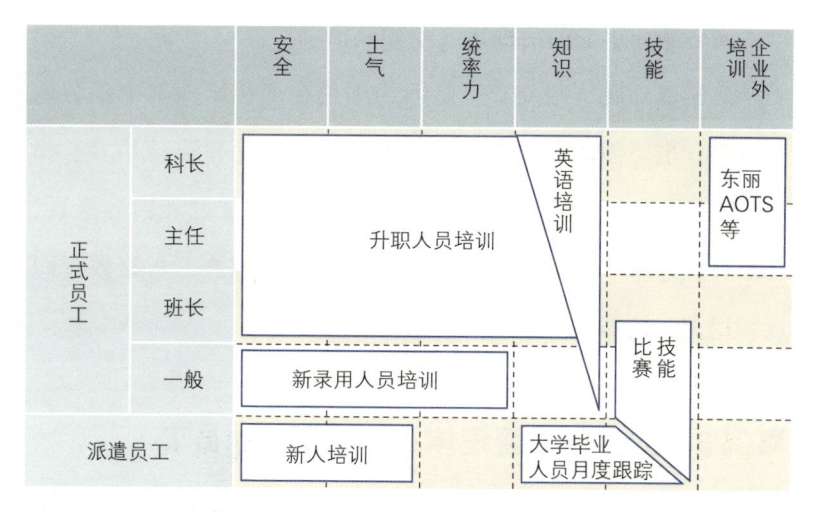

图 24-1　东丽　印尼的培训体系

事例 2　为了强化组织力而实施的改革

东丽　中国南通

1995 年设立的东丽中国南通公司于 2010 年前后，在东丽集团一贯的特色——"高质量"的基础上开始有了创造高附加价值产品的需求，实施的主要内容有切换组织体质，强化组织力、生产现场力、技术开发力。强化组织力主要研究和实施以下四个项目：

- 人事制度改革①（待遇制度·评价制度的重新审视）
- 人事制度改革②（教育制度的充实·执行）
- 优秀人才选拔、个别员工的重点培养

- **全企业运动的活性化（小团队活动）**

之所以开展这些变革，是因为即使在变化剧烈的中国劳动环境中，也要创造出高附加价值的产品，为此"应该培养、稳固优秀的人才"，这些都是该企业的方针。而从开展内容来看，在培养人才中不仅仅是评价、待遇，还需要建立、实施教育制度，挖掘、培养关键人才等（图24-2）。

事例3　完善经营管理体系，培训当地员工

丰田纺织　泰国

1997年成立，2007年成为丰田纺织的全资子公司丰田纺织泰国公司面临着今后持续增产的趋势，工人工资上涨，与母工厂相比技能水平、生产效率偏低等经营课题。在第1章的"秘诀4"中介绍到，尤其是当时，当地员工对待工作很消极，为此该企业开展了加强组织力的自主研活动。

高层明确要实现的目标，自主研小组则完善了包含高层在内的经营管理体系，明确出为实现目标而要进行改善的方向，培养了当地的员工。

图24-3便是该企业的门饰条（车门内饰零部件）流水线为期约五年的活动日程。每年会设定目标，必须每一步向前迈进。另外，在"秘诀19"中提到，从该企业现场运营的指标也能够看出员工的变化和现场力的提升。

第3章 提高组织力

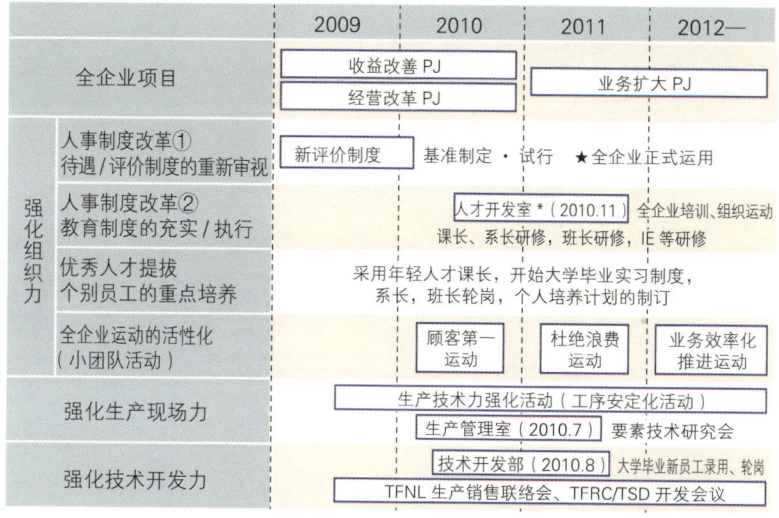

		2009	2010	2011	2012—
全企业项目		收益改善 PJ		业务扩大 PJ	
		经营改革 PJ			
强化组织力	人事制度改革① 待遇/评价制度的重新审视	新评价制度	基准制定·试行	★全企业正式运用	
	人事制度改革② 教育制度的充实/执行		人才开发室*（2010.11）	全企业培训、组织运动 课长、系长研修，班长研修，IE 等研修	
	优秀人才提拔 个别员工的重点培养		采用年轻人才课长，开始大学毕业实习制度， 系长、班长轮岗，个人培养计划的制订		
	全企业运动的活性化（小团队活动）		顾客第一运动	杜绝浪费运动	业务效率化推进运动
强化生产现场力			生产技术力强化活动（工序安定化活动）		
			生产管理室（2010.7）	要素技术研究会	
强化技术开发力			技术开发部（2010.8）	大学毕业新员工录用、轮岗	
			TFNL 生产销售联络会、TFRC/TSD 开发会议		

*人才开发室：（正式名称）人才开发效率化推进室

图 24-2 强化组织力、强化生产现场力、强化技术开发力的推进
（东丽 中国南通）

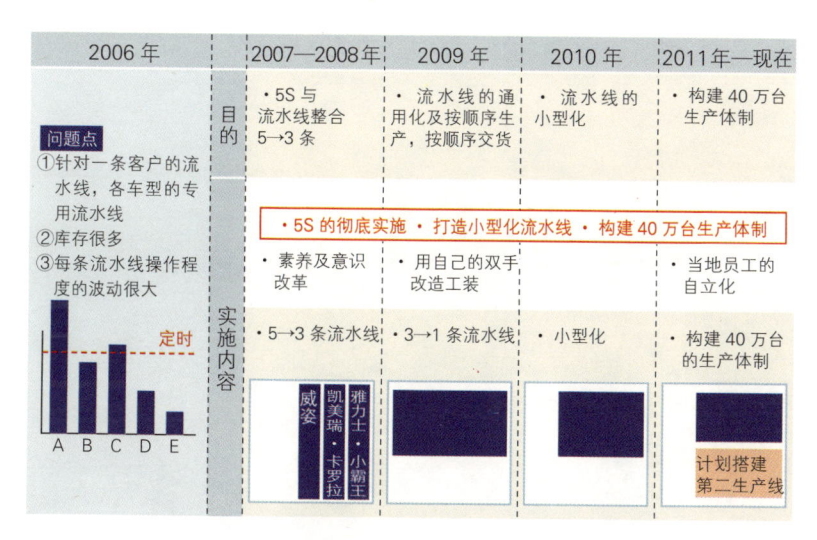

问题点
① 针对一条客户的流水线，各车型的专用流水线
② 库存很多
③ 每条流水线操作程度的波动很大

	2006 年	2007—2008 年	2009 年	2010 年	2011 年—现在
目的		·5S 与流水线整合 5→3 条	·流水线的通用化及按顺序生产，按顺序交货	·流水线的小型化	·构建 40 万台生产体制
		·5S 的彻底实施 · 打造小型化流水线 · 构建 40 万台生产体制			
实施内容		·素养及意识改革	·用自己的双手改造工装		·当地员工的自立化
		·5→3 条流水线	·3→1 条流水线	·小型化	·构建 40 万台的生产体制
		威姿	凯美瑞·雅力士·卡罗拉 小霸王		计划搭建第二生产线

图 24-3 门饰条流水线通用流水线（丰田纺织 泰国）

第 4 章

培养自立的人才

第 4 章
培养自立的人才

　　开启全球化事业的大部分企业，常常会说"虽然想推动当地据点的自立化，但总是没有什么进展"。当地据点的自立化，是指当地员工能用自己的双手运营工厂。

　　现在的日本企业在很多国家都设立了工厂，当然每个国家都有各自的历史、传统、文化、宗教，在工厂工作的人们虽然都是在同一个国家、地区成长起来的，但所受的教育、所处的家庭环境各有不同，员工所掌握的社会生活规则、理解也并非完全一致。有很多时候，日本人认为的常识在当地是行不通的。

　　这种状况之下，应该如何培训，恐怕不能一概而论。虽然在这一点上企业头疼不已，但首先不妨从共同的课题——"安全"开始培训，让员工习惯工厂里的工作是行之有效的办法。之后引导他们思考对他们来说更好的作业方式、流水线的呈现方式、工厂的运行方式，是最强工厂培养人才的基本过程。

　　工厂的自立化课题中，到底对现场抱有多大的期待，对此设定相应的目标是至关重要的。

　　不同的工厂，承担的业务不同，比如开发、设备的设计与制作、调货、工装夹具的设计与制作、销售、服务等多个领域都有。工厂负责哪一个领域，其必要的功能、职能会有很大的区别。起初，以专注制造业起家的工厂随着能力的提升，开始接触工装夹具的改善与制作，设备的改善、制作、设计，商品的开发，独自调配零部件等业务，最终扩展到承担策划与开发、市场的业务。这是一个工厂迈向自立化的一般过程，目前工厂处于哪个阶段，那么对此所持有的期待也是不一样的。

在本章中，将结合最强工厂的事例为大家介绍在初创期、成长期、成熟期不同阶段中应该导入的培训要点。

初期阶段要进行彻底的安全教育

初创期 秘诀 25

"安全第一"这个口号来源于美国 US 钢铁的 Gary 在 1900 年年初提出的标语——"安全第一，品质第二，生产第三"。该企业发现以贯彻安全对策作为基底，质量、生产效率也能随之提升，因此这句话被广泛传播使用。无论哪个行业，安全都应该被放在第一的位置，而相应的人才培养也应该在最早期的阶段开展。

安全教育中效果最显著的是体验型教育。将工厂内的危险点做成模型，在展示模型的地方模拟体验危险，让员工体验"吓一跳"的感觉，加深对危险的认识。

比如说，将仿制听课者手指的橡胶插入马达的旋转部分，让听课者目睹橡胶被拉拽的情形。类似这样的模型化危险点集中在一起便是"安全道场"，能够在这种场所一次性体验各个危险点，"百闻不如一见"，在这样的地方实际进行培训，比口头培训的效果要好得多。

事例　通过安全教育及自立化提高水平

丰田汽车　泰国

丰田汽车泰国公司在员工的初期训练中开展基本技能训练，训练的日程如下：

第1天：安全教育（通过模拟练习身临其境地体验）

第2天~第4天：用可视化手册理解经验、诀窍，在实际设备上体验操作

第5天：实际技能水平的确认（没有达成目标的话就延长训练）

这里应该关注的是完整的安全教育是在第一天实施的。学习操作前，首先新员工自身要体验"哪些事情是不能做的"，学习"遵守指令""遵守标准"的重要性。

访问该工厂时，工厂人员介绍工厂的布局，布局中的危险区域会用红色标注，在现场中，危险区域也会有同样的标识提示大家注意到危险在哪里。

同时，该企业将自立化水平分为"水准1：生产不稳定""水准2：生产维持""水准3：生产稳定""水准4：自立""水准5：全球最佳"的五个阶段。通过这样的评估，可以提升工厂的水平。评估主要从"安全""质量""成本""保全""生产管理/物流""环境"的六个项目确认现状阶段，提升水平，需要

明确以下事情（**图 25-1**）。

		安全	质量	成本
阶段 5	全球最优	通过开展防患于未然活动维持零事故	自工序完结的程度	能自立化运营，能指导其他企业
阶段 4	自立	实施设备的安全管理	工序质量改善活动设备工装管理	和其他企业相比具有竞争力
阶段 3	生产稳定	执行安全的作业标准完善设备安全装备	标准作业技能维持	各费用项目实现改善目标
阶段 2	生产维持	危险设备部位的明确化及实施安全对策	有防止流出后道工序的机制	详细掌握成本信息
阶段 1	生产不稳定	有安全管理的组织机制	要求质量有明确的规则，防止流出到企业外部	具备成本管理的组织、机制目标

图 25-1　自立化 5 个阶段（以安全、质量、成本为例）（丰田汽车　泰国）

各阶段要达到的水平要落实到员工应该达成的技能条件的活动指标，并促进在实践中执行。

这样的人才培养要展开到具体的行动维度并进行实践，支撑这一实践的是技能训练，还要研究如何才能有效地运营，从贯彻安全培训开始进行。

强调"遵守标准"这一原则前，首先要让员工从身体上感悟到对危险的恐惧，保障安全以及遵守标准的必要性，这一点相信能给众多企业带来很多启示。

初创期 秘诀 26　初期每一个工序都要明确必要的技能，做好技能管理

在初创期需要和安全教育并行实施的工作还有：将作业人员的技能提高到一定的水平以上。特别是质量，在工厂的投产期，和顾客构建信任关系是十分重要的，各个企业都为此付出了很多努力。

另外，对当地作业人员的期待值随着时期的变化也会随之改变。好几个工厂都是在一定的期间内实施技能再认证考试，维持作业人员的技能，让员工持续提高能力和具有紧迫感。有的工厂在初创期后半段，当地操作人员不仅要通过多能工化来提高作业技能，还需要对各工序进行管理，掌握改善技能，为此开展了培训、认证的制度。

事例 1　建立技能教育的体制及作业人员的技能管理

雅马哈　印尼

雅马哈印尼公司于 1998 年投产，投产初期对新员工进行培养，并向高质量的维持、QCD 能力提升发起挑战（图 26-1），该企业的技能提升活动中有三个要点。

第一个要点是称赞有高水平技能的作业人员，让他们感受

第4章 培养自立的人才

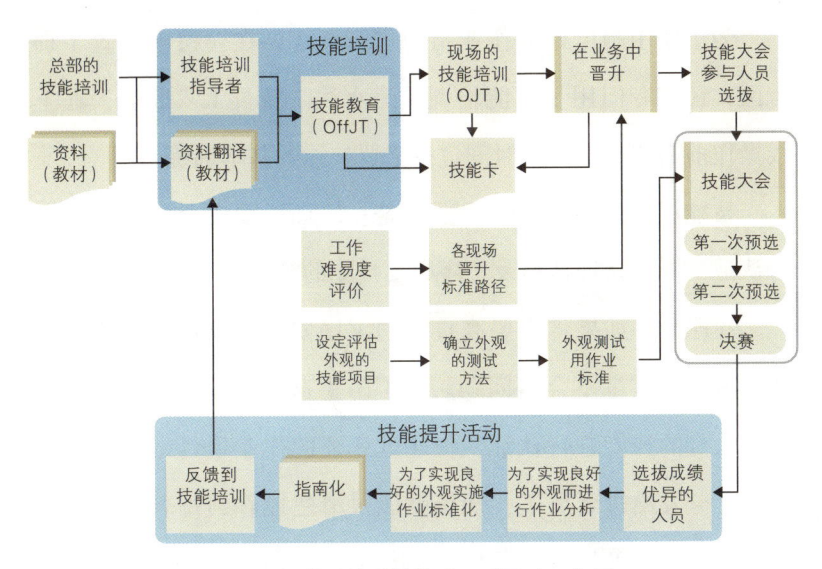

图 26-1　技能培训的体系（雅马哈　印尼）

到自豪感和提升自我的欲望，从而激发更多高技能人员的产生。此外，开展企业内的技能大赛，以"产出（质量）的波动及作业时间"作为测算基准，获奖者将在所有作业人员面前进行表彰，并张贴在企业内部的报刊中，同时还会将获奖的消息告诉其成员。

第二个要点是建立起高技能人员协助技能培养的体制。在同一届大赛获奖的人员将从属于技能提升团队，他们的任务是参与制定作业培训的指南。具体的活动是"分析获奖者的操作，将提升作业技能的方法指南化"，还有"试行指南的内容，确认效果，运用于企业内的操作培训"。通过获奖者参加技能提升团队，明确作业要点。

145

为了使用制定好的作业指南进行训练，在公司内设置了训练区，还有专门用于技能培训的流水线。新员工入职后，在上线操作前需要花一周的时间进行必要技能的基本训练。

技能提升活动的第三个要点是，培训后要对全员的技能进行认证，开展认证技能及工序必要技能的管理。

在印尼，如果将需要高技能的工序安排给新员工，那么很有可能造成质量不合格问题。为了防止这种情况，要对每一个作业人员的技能进行认证，将通过认证的作业项目记录在技能卡上，分发给每名员工，现场就能很清楚地看到每名员工的技能水平。还有确认各工序的必要技能，管理作业人员×工序的技能。采用的方法是将必要技能融入各工序必要技能表中，在现场明示出来。

日本员工，经理可以经常确认作业人员的技能卡和该工序所需要的技能是否吻合，并评价各工序的作业难易度。同时，在制定和作业人员职业晋升（多能工化）相关的 OJT 计划方案中也可以运用。通过这些工作，该企业对新员工、对应缺勤人员的安排变得更加合理，在生产量变动时，或者安排流动人员时也能够顺利进行操作。

事例2　通过培养全能型员工对应高水平的制造流水线
　　　　　　　　　　东芝信息机器　杭州公司

　　制造面向企业的 B to B 产品时，需要满足 QCD 的高质量制造流水线，还需要具备能吻合顾客期望，自如地调整数量进行生产的生产管理系统。东芝信息机器杭州公司是东芝 PC 定制产品全球化生产据点之一。主力产品的笔记本电脑生产线包括两大工序，即"搭载 CPU 等电路的 PCB（单板）制造工序（前工序）"以及"PCB、液晶显示装置、硬盘、DVD 等安装在外壳里，安装软件进行检验的 FAT（组装工序）（后工序）"。

　　过去，前工序是计划生产，后工序是订单生产，那么就需要中间库存，但这样会导致生产的流向有停滞。要解决这一点，前工序和后工序要同期化，实现吻合订单的柔性化贯通生产系统。

　　要充分活用高度化的制造流水线，不在于培养能掌握多个工序的多能工，而是要培养根据工序的编成，自己也能对流水线编成进行管理、改善，指导年轻员工这样的高素质作业人员。该企业将这类作业人员称为"全能工"，并把他们作为组装作业的专家进行培养，还构建了职业生涯晋升路径机制（图26-2）。

　　另外，该企业已设计出从作业人员成长为流水线负责人，再成为管理人员（SV）的职业路径，这一路径和全能型员工培养体系并行实施。同时，分析每一个工序的作业，尽最大的可能使操作简易化，计算出工序的要素作业数量、标准时间、要求质量等难易程度，还将作业人员的工作年限，对应的要素作业数量，5S遵守率等参数化。

以这些数据作为参考，设计全能型员工培养课程，在工资方面也做了新的修订，根据职业级别给予补贴，用这种方式将全能型员工培养课程运作起来。即使生产数量增加，新员工增加，全能型员工也能承担起流水线负责人的一部分职责，培养、指导新员工，使制造流水线的质量、生产效率方面实现高产出。同时，在作业人员的士气、技能提升上发挥出巨大的效果。

培养组装作业的专家（全能工）以及提升士气

■ 在作业人员的晋升中，设置了提高指导能力与作业能力的"全能工"，同时给予补贴
■ 切实的全能工培训以及培养体制、现场作业人员的价值提升

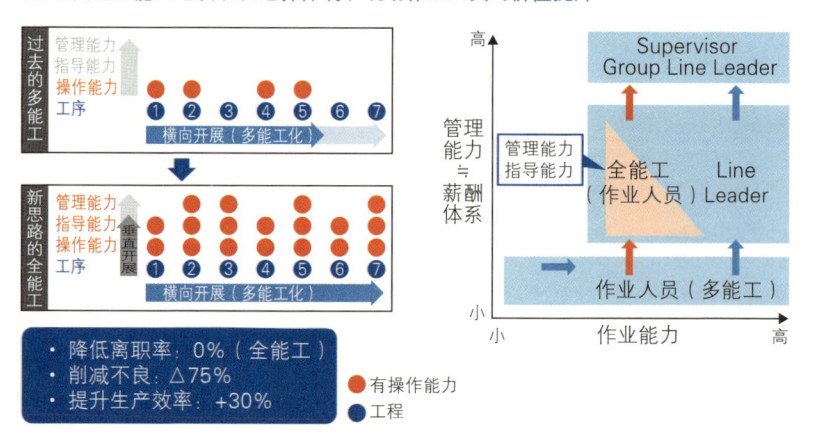

图26-2　全能工体制的运用及培养（东芝信息机器　杭州公司）

第4章
培养自立的人才

| 初创期 秘诀27 | 派遣到日本的母工厂，体悟应有状态 |

初创期后半段的工作，是让员工学习产品制造的基本思想，为了做好这一点，把当地员工派遣到日本母工厂学习的海外工厂屡见不鲜，目的包括"在母工厂确认日本人对制造的态度""用身体感悟日本文化""学习日语，和日本员工能用日语沟通"。

有些企业在内部策划遵守如现场的清洁、规则的习惯，顾客接待方式等内容体验的旅行团，比如说，加入乘坐电车去迪士尼的行程，那么就可以体验到按时间发车的电车运行，排队乘车，干净且没有垃圾的迪士尼乐园，待客方式（笑脸、洞察顾客需要、机敏地应对）等（图27-1）。

事例1　改革要让员工接受，从而提升士气

大金工业　上海

大金工业上海公司为了促进当地员工的自立化，在一般的"5S"当中加了"士气"这一个S，也就是"6S"活动。提升士气需要让每个员工都能够"接受"，要达到这个目的需要做精心的设计。

该企业中精心策划的一项内容便是实施日本研修。为了接

149

名称	间隔期间、频次、人数	对象・语言	研修目的
董事研修	间隔期间：1周 频次：隔年实施 人数：10~15名/次	海外各员工以及董事候选人 使用语言：英语	①经营方针、战略 ②经营者的使命、董事长的职责及责任 ③经营环境变化应对、企业改革的应有方式 ④强化集团董事的一体感
部长研修	间隔期间：2周 频次：亚洲地区每年实施，欧洲地区隔年实施 人数：10~15名/次	海外各分公司的优秀的部长、副部长 使用语言：英语	①经营方针、战略 ②经营干部的意识提升 ③提升、强化经营干部的领导力 ④加强对集团的归属感
科长研修	间隔期间：1~3周 集中研修与专业研修 人数：20名左右/次	亚洲各分公司的优秀科长、系长 使用语言：英语或者汉语	①经营理念、经营方针、经营管理生产管理研修 ②专业知识、技术的强化 ③加强与相关部门的沟通交流
系长研修	间隔期间：2~4周	亚洲各分公司的优秀系长、主任 使用语言：英语或者汉语	参加课程（英语、汉语） ①研修人与组织的问题解决 ②生产管理研修 ③质量管理研修
技术人员研修	间隔期间：6个月 （日语研修1.5个月，技术研修4.5个月） 人数：数名/年	海外纤维生产各企业技术核心人员：科长、系长级别优秀人员 使用语言：日语、英语	①海外各分公司的生产现场力强化、技术人员的培养 ②培养能和总部协同的技术人员 ③加强总部与海外各分公司的沟通交流 ④核心人员的日语能力提升

图27-1　日本研修（各层级）的实例

触到卓越的产品制造，当地监督层的成员被派到日本的母工厂，在那里学习各种变革的内容之后，回到自己的工厂频繁地召开让当地员工接受并导入这些变革的讨论会。

另外，同一集团的大金工业泰国公司从每年的现场监督层中选拔6~9名成员，参加日本举办的PDS研修（参考第2章"秘诀16"）。

事例2　研修结束后要以改善专业人员的角色推进改善

日立金属　泰国

日立金属泰国公司日本研修是访问总部以及各事业部的母

工厂，共 6 个据点。研修完成后，一年内并不返回自己的现场，而是在工厂作为改善专员，自己确定改善课题，以半年为周期推进改善。企业为员工提供将学完的知识迅速进行实践的机会，使员工真正掌握所学内容。

  大部分企业想将研修学习完的内容活用到自己的现场中，但如果马上回到现场，就会忙于处理日常工作，将改善工作推后，这样的情况不在少数。该企业则通过培养改善专员的方式，在员工士气正高的时候，让他们将学习的内容付诸行动，积累成功的体验。

| 初创期 秘诀28 | 建设"人才培养道场",培养当地员工 |

作为工厂的人才,需要掌握的能力有专业知识、技能、管理力、改善力等等。这些教育都是在日常由经理来组织开展,但也存在一个问题,就是经理能力的差异将决定培养的效果。

因此,创造专门用于培训的场地,配备一些具有高水平专业技能的导师是非常有效的。这么一来,好的培训就能均等化地开展,而必要的培训工具也能够高效率地进行准备。

此外,培训的内容是否掌握了,对这一点做确认也是至关重要的。为此,要确认授课对象的掌握情况,同时建立起是否达到必要能力的认证体系。通过这些工作机制,不仅是确认掌握情况,对于提升自身能力的授课对象来说也是提高积极性的一个途径。还能挖掘进一步掌握更高技能,具有指导、教授潜质的员工,可以将导师的工作委派给当地员工,以这种方式推动自立化。

事例1　全球通用的技能训练　　丰田汽车　泰国

丰田汽车泰国公司的技能训练中心,承担亚太地区技能训练的亚洲地区主训练中心。在这里进行的训练范围广,有"基本技能训练（掌握冲压、涂装、组装等八大车间的技能、诀窍）"，以及"专业技能训练（经验、诀窍的理解、实践、指导力）"两方面的实践性内容开展。

导师是在日本的技能训练中心接受充分的训练，经过能力认证的当地员工。教材、教具则使用由日本技能训练中心自主开发，被翻译成英语、泰语的版本。泰国工厂之所以不用自己的教具，是因为丰田很重视全球范围内开展标准化训练（**图 28-1**）。

训练项目	训练内容	训练人数	训练累计
基本技能训练	8个车间的经验诀窍的指导、实际技能指导	27人	13381人
专业技能训练	工作诀窍的理解、实践、指导力	6人	237人
QC小团队	QC小团队的意图、七大工具的使用方法等	9人	200人
工作的教授方式	说、做、做给对方看、实践指导	9人	144人
标准作业与改善	标准作业工具的制作、着眼改善	10人	143人
沟通技能	训练从下属口中提取课题	11人	101人
解决问题	发现问题、用5个为什么进行根本原因分析、采取对策	10人	80人
GL、TL的职责	开工前、运转中、就职后的监督人员职责	15人	547人

图 28-1　技能训练中心的培训内容（丰田汽车　泰国）

事例 2　能掌握正确操作的训练道场　丰田汽车　印度

丰田汽车印度公司的训练道场是在企业成立的第五年成立的，叫作"GURUKURU"（图 28-2）。设立的目的是"现场监督人员能掌握和现场作业人员同样的技能"。当时，现场监督人员的操作水平要远远低于作业人员。

<GURUKURU 的概要>

基本技能	要素作业	标准作业
间隔期间：约 1 周	间隔期间：约 5 天	间隔期间：约 5 天
细分操作，最基础的技能（例：紧固螺钉方式）	将基本技能集中为一个操作的流程（集中两到三个左右的基本技能）	一个流水线工序中集中所有操作（要素作业的集合）※时间和质量是关键

☐ 所有岗位（冲压、涂装、组装、物流等）都要开展
☐ 开展方法：从基本技能的阶段就开始实施
　对象：①现场管理监督人员→②一般作业人员的再贯彻

图 28-2　技能训练的推进方式（丰田汽车　印度）

为此，首先要让监督人员掌握作业技能，打好管理的基础。之后在课程方面充实更多的内容，该训练道场成了现场作业人员的技能训练场。现在，员工在上岗前要经过 17 天的训练，而作业员工接受的技能训练课程如下：

・**基本技能**（"螺钉紧固"等技能掌握的最小单位）的训练（约1周）

・**要素作业**（两到三项基本技能的汇总）的训练（约5天）

・**标准作业**（汇总多项要素作业的工序单位）的训练（约5天）

不完全掌握这门训练的话，就无法被允许在现场操作。在这个训练道场里面，为了培养能够遵守标准作业的作业人员，需要分阶段地培训、指导，直到他们能正确掌握作业技能。

事例3　实践型研修"IE 改善道场"　　雅马哈　印尼

雅马哈印尼公司为了提升作业员工的实践性改善力，以 IE 为核心开展了现场改善实践研修"IE 改善道场"（图 28-3）。起初，研修是以讲座为中心，但为了培养能实践改善的作业人员，转变为各现场和成果相联系的实践型研修。

研修一年以 4 个团队（4 个现场）为对象，平均每年举办 10 次，一年有 40 个现场得到改善，频次很多。这个研修要求以下内容，从这些内容就能看出实践程度。

・参与人员（一个小组 6 人）脱离日常工作，专注于 7 天的改善

・包含合同员工在内全员参与

・对团队要求有实质性的效果，生产效率提升的目标在

IE 培训

为了培养能主动推进改善的人才，提升改善水平，反复实施训练

截至 2011 年 8 月末

研修名称	开始时间	实施次数	完成人数
IE 基础	1-Jun-02	84	2088
MOST 研修	6-Jun-02	15	212
IE 中级	1-May-03	57	939
改善实践会	14-Mar-05	11	93
IE 基础跟进	3-Oct-05	29	387
IE 改善道场	21-Nov-05	68	1565
VSM 实践道场	19-Aug-08	18	373
TPM 研修	31-May-10	1	24
IE 培训 小计	8 个课程	283	5681

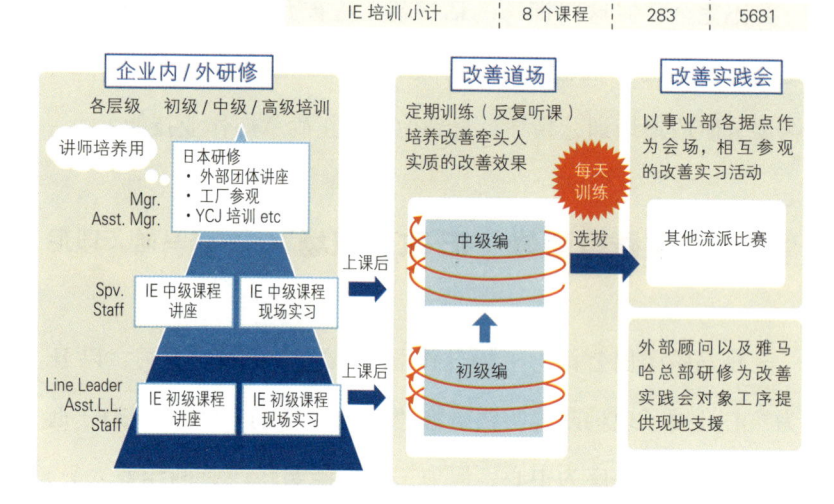

图 28-3　IE 改善道场的定位及内容（雅马哈　印尼）

130%以上

- 生产主要产品的现场 7 年举办 5~6 次
- 研修讲师由本课程的毕业生（当地员工）认证
- 有效果的改善通过当地经理迅速横推

这样的活动使企业现场迅速成长为超越其他企业的具有竞争力的现场。

事例 4　改善指导师专职从事改善工作

大金工业　泰国

大金工业泰国公司成立了人才开发部（训练中心），部门内部的成员（训练师及支援的职员）全部由当地员工组成。

这一组织负责的工作是①新员工研修、②PDS（Production of DAIKIN System）研修及支援、③技能传承的人才开发及培养、④各种培训计划的方案制订。

第2章"秘诀11""秘诀16"中介绍的 PDS 研修是日本每年（11—12月初）为期一个月的研修。结束研修后回到公司的成员（每年派6~9人）要发表研修结果的汇报及研修内容。此后的一年，这些人员作为改善指导师，专职从事改善的工作。

具体的工作是从制订改善计划方案到实施（一个车间每个月一单）一连串现场改善指导，要在实际业务中选择课题—分析现状—制定对策方案—确认效果，进行改善活动指导，还有发表资料制定指导，发表会策划、运营、现场改善成员的评价都要由成员自己来考虑。把这些工作传递给第二年的成员，才算履行完职责（**图28-4**）。

PDS 研修后的一年时间，研修成员专职在实践环境中实施改善指导，这种研修本身就是人才培养道场。

◆支撑生产活动的人才培养机制

PDS 研修及其机制

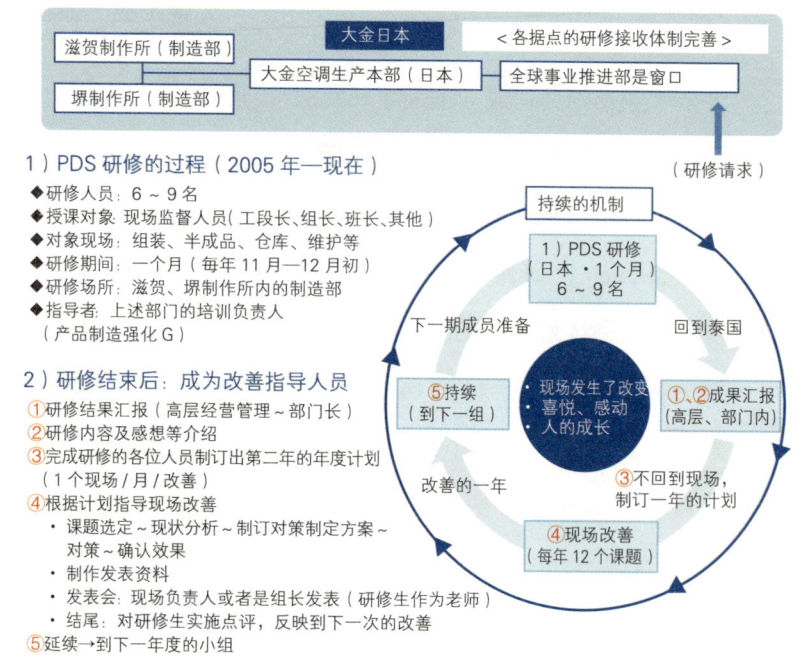

```
┌─────────────────┐                ┌──────────┐    <各据点的研修接收体制完善>
│ 滋贺制作所（制造部）├──┐           │ 大金日本  │
└─────────────────┘  │           └──────────┘
                     ├──┤ 大金空调生产本部（日本）├──┤ 全球事业推进部是窗口 │
┌─────────────────┐  │           
│ 堺制作所（制造部） ├──┘
└─────────────────┘
```

1) PDS 研修的过程（2005 年—现在）
◆研修人员：6～9 名
◆授课对象：现场监督人员（工段长、组长、班长、其他）
◆对象现场：组装、半成品、仓库、维护等
◆研修期间：一个月（每年 11 月—12 月初）
◆研修场所：滋贺、堺制作所内的制造部
◆指导者：上述部门的培训负责人
（产品制造强化 G）

2) 研修结束后：成为改善指导人员
① 研修结果汇报（高层经营管理～部门长）
② 研修内容及感想等介绍
③ 完成研修的各位人员制订出第二年的年度计划
（1 个现场 / 月 / 改善）
④ 根据计划指导现场改善
・课题选定～现状分析～制订对策制定方案～
  对策～确认效果
・制作发表资料
・发表会：现场负责人或者是组长发表（研修生作为老师）
・结尾：对研修生实施点评，反映到下一次的改善
⑤ 延续→到下一年度的小组

（研修请求）

持续的机制
1) PDS 研修
（日本・1 个月）
6～9 名

下一期成员准备　　　　　　　回到泰国

⑤持续
（到下一组）

现场发生了改变
喜悦、感动
人的成长

①、②成果汇报
（高层、部门内）

改善的一年

③不回到现场，
制订一年的计划

④现场改善
（每年 12 个课题）

图 28-4　PDS 研修的课程（大金工业　泰国）

| 初创期 秘诀 29 | 通过实践型研修提升负责人的改善力 |

大部分的海外工厂都提出负责人的职责是"推进改善",实际上要培养能让当地作业人员参与进来,推动有成果的改善活动的当地负责人,恐怕是十分困难的。负责人要实际进行改善,需要让负责人这个层面的人才积累改善成功的体验。只有通过这一点,他们才能实际体会到让当地员工参与进来的方法。为此,开展实践型的改善研修是非常有效的。

实践型的改善研修由讲座与实践构成,负责人们在讲座中学习分析手法、改善点,确认成果。有大量的最强工厂从接受过这个研修的人中挖掘优秀的人才,同时建立了导师认证的机制,最终实现了自立化。

事例 1　实践与利润相结合的自主研活动

丰田纺织　泰国

丰田纺织泰国公司如前文中提到的,为了加强现场力,开始开展自主研活动。

年初经营高层会明确地区战略、企业方针与课题。高层还会参与到日常的活动中,致力于在全企业范围内推广在个别部门开展的活动。自主研活动每年巡回一次，具体分为4—5月份的现场考察会，6—7月的课题设定，8—9月的事前探讨、10—11月的初次诊断，2—3月跟进的循环。

实际的工作则是每月一次，社长确认进度，站在第一线进行指导。自主研活动的运营由自主研小组负责，主要是根据高层明确的课题，提出流水线改善的方向，进行改善手法的指导，高层进行点检，策划与顾客的交流会。自主研活动的目的是培养当地员工，但基本上是企业培训课程的TPS（丰田生产方式）的初级培训。课程中包含了日本总部的研修，但是负责人的改善能力说到底还是需要通过实践才能养成（**图29-1**）。目的是在实践中，让当地员工吸收"改善技能""教授、用人的技能""工作的知识""沟通交流的能力"等现场管理必要的能力。

该企业自主研活动的特征是，并非简单的动机养成和培训，而是持续开展，直到改善带来直接的利润。因此，和经营管理相连，组织化的支援体制很完善。这一体制由现场管理与经营管理两部分构成，以管理板的固化、管理点/异常管理等TPS企业内自主研为主要内容。

经营管理需要严谨地评价改善效果，为了能在下一阶段运用好改善的效果，修订工数方面的基准，负荷变动的应对，材料的原单位修订、评价，成本的预算实绩管理及投资的合理性等等，从大范围的观点进行支援。

实践自主研活动的当地负责人、员工的培养，需要把重点放在让他们领悟到自身的职责上。此外，以辅助负责人为对象的负责人讲座、入职时的基本技能训练的训练中心等人才培养方面所需要的环境筹备也在进行。

讲座、训练中心开展的训练要持续实施，需要培养当地的训练师。调查其他企业的实际状态，训练师的专职化，在日本的培训研修中心的研修，自身企业的培训工具的开发、制作等上述方式可用于培养训练师。现在，丰田纺织泰国公司已经达到了泰国籍员工具备指导本国员工的水平了。

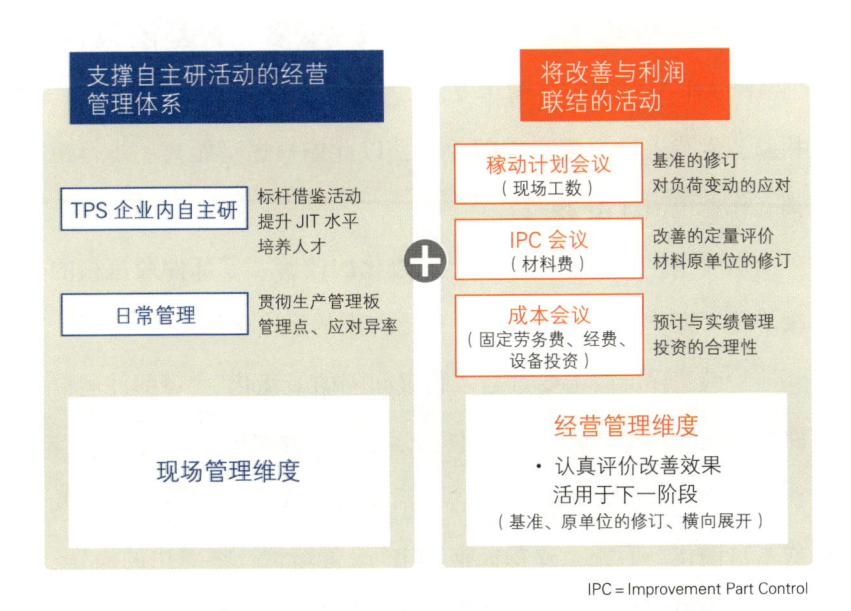

支撑自主研活动的经营管理体系	将改善与利润联结的活动
TPS 企业内自主研 标杆借鉴活动 提升 JIT 水平 培养人才	稼动计划会议（现场工数） 基准的修订 对负荷变动的应对
日常管理 贯彻生产管理板 管理点、应对异率	IPC 会议（材料费） 改善的定量评价 材料原单位的修订
	成本会议（固定劳务费、经费、设备投资） 预计与实绩管理 投资的合理性
现场管理维度	经营管理维度 ・认真评价改善效果　活用于下一阶段 （基准、原单位的修订、横向展开）

IPC = Improvement Part Control

图 29-1　支撑自主研活动的经营管理体系（丰田纺织　泰国）

事例2　结合改善活动，自制设备、工具

东芝信息机器　菲律宾公司

在当地推进改善活动时，需要结合改善改造、制作设备，制作工装夹具。如果当地员工技术水平不够，只能委托别的企业制作，这样的话改善的周期就很长，士气会减弱。

为此，东芝信息机器菲律宾公司开展了让这些工作自制化的活动，一边学习，一边推动低成本设备化，这个活动叫"KANTAN-MAJIME"（简单安装）。这一活动主要为了在组装、检验、发货工序上提高空间效率，以此缩短搬运距离、步行距离、作业范围（**图29-2**）。

组装工序的改善要点是"手边化的改善、零部件搬运箱的极小化、操作简易化"以及"通道宽度的最优化"。

检验工序的改善要点是"装置间隔的最优化""零部件运输路径、流程的标准化""零部件搬运小车尺寸的极小化"。

KANTAN-MAJIME的概念是活用现有设备、楼层，推进低成本自働化。为此，要积极推动IE改善培训，将周边的操作、工序、搬运的浪费彻底消除。这个活动本身很容易开展，现场的任何一个负责人都能够获得成功的体验。而且效果明显，能削减10%的人员，作业循环时间缩短25秒，能为负责人带来巨大的信心。

第 4 章 培养自立的人才

TP/IE 现场改善：工序 KANTAN-MAJIME
制造领域生产效率提升为目的，实施"KANTAN-MAJIME"

改善的关键点

- 手边布局改善
- 零部件箱极小化
- 拿取简洁化
- 通道宽幅的最优化

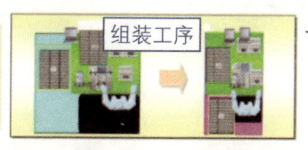

组装工序

- 装置间距合理化
- 零部件、材料搬运路径、流程的标准化
- 零部件、材料搬运小车的尺寸极小化

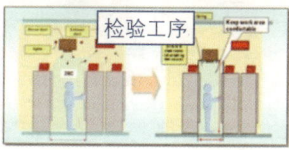

检验工序

IE 训练授课对象进行工序的距离缩短、作业改善

↓

制造领域的 S 空间效率改善 30%

- 工装再设计（Combine）
- 手边布局改善
- 拿取简洁化
- 通道宽幅的最优化

发货工序

图 29-2　KANTAN-MAJIME 活动的概要（东芝信息机器　菲律宾公司）

163

成长期 秘诀30　展示职业生涯计划，提高员工的士气

人才培养很关键的一点是物色到具有良好资质的人，通过培训、研修，不断磨炼他的能力。在工厂运营中，活用、录用当地员工，促进自立化是很必要的，因此要制订工作职业计划，使全体员工周知。规划中包含"生产现场部门及以外的部门分开""明确各职位应该履行的职责""明确什么时候应该掌握什么"等，准备了丰富的研修内容。

同样，也要考量员工的评价方法，特别是当地员工的评价、对于日本的方式多有质疑、含糊的评价等都会造成员工积极性降低。人才培养及评价要站在当地工作人员的角度进行探讨，这样才能明确出目标状态和评价体系。

事例　共享成长路径，真正地感受到成长

丰田汽车　印度

丰田汽车印度公司对全体员工展示了具有成长可能性的工作职业生涯计划（WLP：Working Life Plan）（图30-1）。为了让当地员工最大限度地发挥自己能力，WLP明确了资格、职能条件，以及相应的研修课程（培训研修与OJT）。纵轴是资格，横

轴是经验年限，每一个资格应该接受的培训内容有很多。这个研修内容是企业花了大量时间开发的。

WLP 中有三条线，最下面的线是普通人，最上面的线是升职最快的人，中间的线是指中间线，如果努力，就会比别人更早晋升，发挥更重要的作用。

WLP 的概要、成员部门以及现场部门的训练日历课程都在合作训练目录里面归拢了。这个目录的开篇便是当地社长的卷首语，体现了经营高层想让当地员工感受到自身成长与成就的殷切期望。

而当地经理候选人则通过被派遣到日本、泰国、新加坡进行实践性培训，现在，通过派遣学习丰田之道的当地经理作为组织的负责人在牵引着企业(**图 30-2**)。

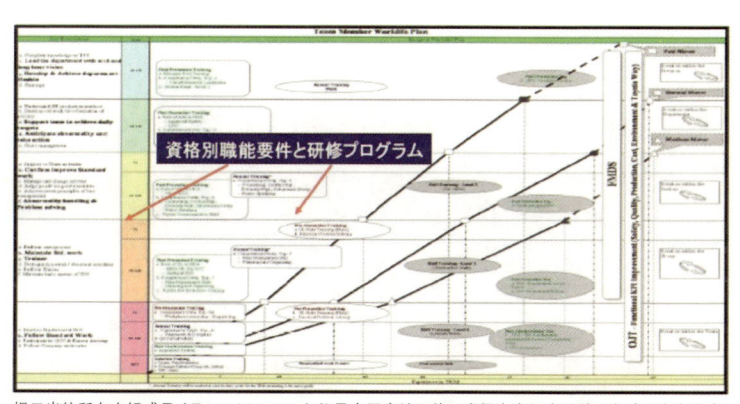

揭示出使所有小组成员（Team Member）能最大限度地延伸、发挥自身能力的培训机会 / 应有姿态

图 30-1　职业生涯的制定及共享（丰田汽车　印度）

活动的实施内容
□通过派遣到日本、泰国进行"经理候选人的培养"
・ICT（Intra Company Transfer：派遣到丰田各事业体常驻）
・HIDA（旧 AOTS、日本政府方针）・全球丰田选拔培训及其他

ICT：过去的派遣实绩（全企业）

因第 2 工厂投产而派遣

累计 307 名派遣
制造相关人员占了 70%

新加坡
泰国
日本

通过派遣，学习了丰田之道的当地管理人员
并以目前组织的带头人引导 TKM

图 30-2　能感受到成长/成就的人才培养（丰田汽车　印度）

> **成熟期**
> **秘诀 31**　创造当地经理自行解决人才培养课题的机会

人才培养无论在哪一家企业，都要制定培养计划方案，完善与评价培训课程，建立起培训对象评价等机制，刚开始由日本员工来解决这些课题，但无论如何当地经理必须学会自己解决。如果不这么做，当地经理、员工永远都无法成长。当地经理要完善人才培养的机制，运用这一机制培养当地员工，促进自立化。

这里面的课题是要制订人才培养计划，制定培训课程，要有课程的评价方法等，所以这些都应该交给当地成员来做。探讨的方法可采用以总务部门的经理和各部门的经理为核心的委员会形式，这时日本员工尽量不要插手，而是要关注结果。日本员工要在这个委员会结束后对反思点以及今后的推进方式等提出建议。这些方法都有助于当地人才的成长、自立化。

事例 1　由当地经理培养人才的体系化

东丽　中国南通

东丽中国南通公司有一个叫作以当地员工为主要力量的"人才开发效率化推进室"组织，系统性地规划、运用人才培养。这是当地员工考虑到人才培养的应有姿态，以重新构建现状的培育体系为目的的组织。在这个组织中的经理以及成员都在推进以下事项：

・从经营环境的变化、中期经营计划中研究必要的人才

・为了培养人才重新思考现状体系（课程的增加、削减）

・选定讲师进行培养

・评价培训实施状况（授课对象调研、听取各部门经理的想法）

・为了下次实施重新思考

这些活动都由当地经理和员工来开展，以促进他们自己的体系化人才培养。当然，并不是从一开始就运用得很好，一开始还是要由日本员工进行示范，直到当地经理差不多能掌握，这时就不再需要共同工作了，而是给予他们机会，以此来培养人才。

目前，当地员工在运营组织时很重视"个别重点培养"，"人才开发效率化推进室"的成员会和所有的员工面谈，把握业务内容力、技术力、管理力、问题解决力、领导力的各个项目，制订培养计划。汇报业务时，上司跟进这一更细致的培训。这当中还要挖掘人才，同时是发现下一任带头人、经理候选人的契机（图31-1）。

通过当地员工的自立化活动，能够使人才培养的机制更好地循环起来。

事例 2　与经营相关的课题也交给当地经理

东丽　印尼

第 2 章"秘诀 13",第 3 章"秘诀 24"中介绍的东丽印尼,在推进部门横向的项目。这是由于近几年来生产环境变化了,成本竞争向高附加价值领域转移。其中,该公司将横跨各部门培养当地员工作为目标,如前文所述的东丽中国南通公司一样,这些工作都交由当地经理来开展。

这些项目里面,除"员工培训项目"外,还有"高附加价值量产化项目""原料原单位改善项目""设备故障扑灭项目""节能项目""三位一体(即跨领域跨部门,安全、设备运转、人工操作的相互确认型改善)项目"等等。

无论哪一个项目,仅依靠单独部门的解决是很困难的,要集结相关部门的智慧、行动进行解决。在这个活动里面,当地经理的合作也有了飞速的进展,部门联动的改善力大幅提升,还找到了促进当地员工自立化的方法。

和经营相关的课题,也通过委任当地员工实现了自立化的机制运行。

姓名	主要的业务内容	主要的经历	技术力			管理力				问题解决力	领导力	培养・轮岗计划		
			要素技术	生产技术	设备	计划性	要因管理	成本管理	指标管理			2012年现在	2013年	2014年
	班次运转维持/异常处理/工序管理辅佐	入职→操作→运转	3.5	4	4	3.5	4	2	4	4	4	班长	副系长	→
	班次运转维持/异常处理/工序管理辅佐	入职→操作管理→操作→班次	3.5	3	3	3	2.5	1	3	3.5	3.5	副班长	班长	副系长
	开工班次/常规操作	入职→操作	2	2	2	3	2	1	2.5	2	2.5	负责人	副班长	→
	工序管理/异常调查/改善	入职→操作	3	2.5	2	3	2	1	3	2	3	负责人	→	班长
	工序管理/异常调查/改善/工序检验支援	入职→操作管理	3	3	2	3	2	1	3	3	3	负责人	副班长	班长
	工序管理/调查/改善	入职→操作→管理	3.5	3.5	3	4	3.5	1	4	3.5	3.5	副班长	副班长	班长
	开工班次/常规操作	入职→操作管理	2	2	2	2	2	1	2	2	3	负责人	→	→
	开工班次/常规操作	入职→操作管理	2	2	2	3	2	1	3	2	3	负责人	→	→

图31-1 个别培养计划的实例（东丽 中国南通）

| 成熟期 秘诀 32 | 通过支援教育、创办学校，为地区做贡献，同时招揽优秀人才的机制 |

海外工厂据点的国家、地区，虽然有学习的欲望，但很多人得不到学习的机会。为此，应在已有的学校里提供学习课程、讲师，或者创建学校本身，提供学习的场所。这不仅会让当地人很感激，还会对地区贡献以及企业品牌力的提升起到非常积极的作用。像这样的活动，虽然需要花费成本和精力，但在人才培养方面有着极大的意义。可以在地区里吸纳学习意愿强烈的学生，学习效果也非常好，优秀的人才不断涌现，由于可以优先招募这些优秀的人才，所以能提升企业当地员工的基础。在这里为大家介绍一些积极实践教育支援的企业。

事例 1　培育作为东芝人的自豪与自信

东芝信息机器　杭州公司

2002 年设立的东芝信息机器杭州公司，以前都是招募杭州市周边的当地员工，在 2008 年遇到"用工难"的问题，于是招募范围扩大到了杭州的西南、西北部。然而其他企业开始进驻杭州西部，更增加了招工的难度。因此，该企业为了缩小受教育程度上的差距，开始与高中合作进行这方面的探索。

具体的做法是与学校签约，从高中二年级开始，设立"东芝班"，导入"关于职业的基本认识和理论知识培训""以东芝公司实际业务为基础的普通技能培训""作为东芝公司员工应该掌握的专业技能培训"等课程（**图32-1**）。

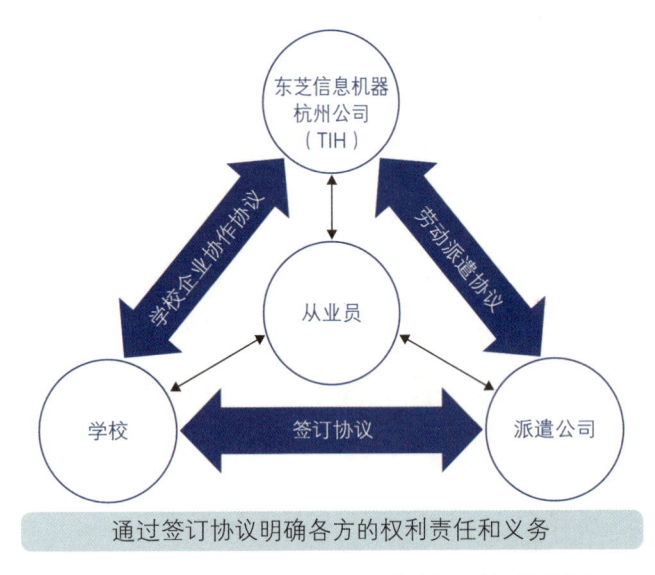

图32-1 "东芝班"协作关系（东芝信息机器　杭州公司）

关于授课，由该企业及派遣公司协作提供课程、讲师，从有意向进入公司的毕业生当中招募员工。东芝班的学生在完成三年的学习后，会超过新人培训的水平，同时掌握了高水平的技能，因此被录用后就能达到直接在流水线上操作的水平。

对于学校来说，可以消除毕业生"就职难"的问题。学生会同时接受东芝和派遣公司的面试，优秀的学生会被派遣公司录用，派到东芝公司进行工作。如果在半年的派遣期业绩优秀，经过部门评估可被录用为正式员工。现在,公司目标是一般的操作员工要从"东芝班"录取。

"东芝班"的设立,不仅仅是让学生们掌握进入社会的基本知识,而是培育他们成为一名"东芝人"的自豪感和自信心。

事例2　除了技术以外,还培养人文力的丰田社会贡献
　　　　　　　　　　　　　　　　丰田汽车　印度

丰田汽车印度公司自1997年设立以来,对当地员工开展了各种各样的培训、训练,进行人才培养。但是,印度人的受教育程度差距非常大,由于经济的原因大多年轻人无法继续深造。为了改善这样的教育环境并培养更好的人才,该企业在2007年创办了丰田工业技术学校(TTTI)(图32-2),意在高中教育的基础上,为年轻人提供接受基于丰田"产品制造"生产相关的专业技能教育的机会。

当然,这里包含了企业要培养、确保企业未来生产现场核心的人才,但并不是要求学生们在毕业后就一定在该企业。

TTTI的培训时间是3年,每学年有64名学生,所有人都要住进宿舍里,接受集体培训,培训是免费的,而生活费也会有一定的补贴。TTTI的专业技能教育,主要内容是产业界广泛运用的焊接、涂装、组装、保全(机加工)的四个工种。

一年级学生,除一般素养外,在身心锻炼、团队协作、基

〈课程〉

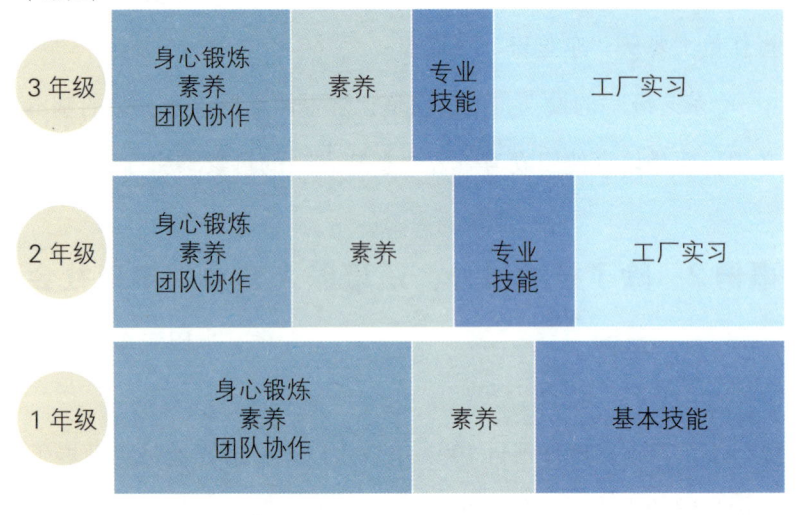

3年级	身心锻炼 素养 团队协作	素养	专业技能	工厂实习
2年级	身心锻炼 素养 团队协作	素养	专业技能	工厂实习
1年级	身心锻炼 素养 团队协作	素养	基本技能	

图32-2 印度·丰田工业技术学校（TTTI）的课程内容（丰田汽车 印度）

本技能训练方面也安排了很多学时。基本技能训练中，丰田集团在技能训练初期将实施的操作细分，对螺钉的紧固方法等基础操作进行培训。

  二年级学生，比起一年级学生，在素养上面花的时间更多。二年级开始，要进行专业技能的学习，所以有工厂实习的时间。三年级学生则将二年级学习的内容进一步深化，增加了工厂实习的时间。

  这三年里，大家共同住在宿舍里，不仅学习了生活中应遵守的规则，前辈还可以指导后辈，有什么困惑、烦恼都可以互相商量。

第 5 章

提高积极性的评价与活动

第 5 章
提高积极性的评价与活动

将高层的意志以应有姿态进行明确并作为愿景明示出来的重要性,在第 1 章已经强调过了,把愿景表述为具体的行动,是与员工构建信任关系的第一步。

经营管理的基本原则是确定目标,制订计划、实施计划,确认实现程度后进行修正。然后再确定新的目标,制订计划,将 PDCA 循环起来,高层提出愿景,全员针对目标开展活动,还需要确认是否吻合目标的正确结果。

在企业经营中,这个经营管理的一系列过程里,"目标设定""制订计划""执行"是备受重视的,在这些环节通常会注入很多的资源。但是,"确认、修正""新目标、制订计划"这些步骤,才是正确向目标前进的关键要点。

即使明确了工厂的愿景和目标,对于日常操作的操作人员来说,总是难以理解这些愿景和目标与自己的日常操作、目标之间的关系。要实现工厂的愿景、目标,需要明确日常业务和工厂整体的目标的关系,日常业务应该如何开展,要示范给员工看,并对他们进行认真的指导。经理要对员工的操作进行确认,看看是不是朝着目标在正确地操作,在此基础上进行评价,这样的机制是不可或缺的。

员工得到什么样的评价，将决定他对操作的态度和投入。世界上不同的国家，文化与价值观也不同，不能以日本人的价值观来思考问题，而是应该从工厂所在国家、地区的文化、价值观入手制定相应的评价、汇报机制，才能提高员工的积极性。

| 成长期 秘诀 33 | 高层亲自到现场，表彰改善人员的努力及创意 |

最强工厂的高层对制造现场每天的活动都非常关注，会频繁地到现场巡视。"工厂的应有状态"不单单是停留在口头上，而是在行动中明确姿态，这对提升员工积极性有着重要的意义。而且，高层会持续这样行动，无论多么小的行为，都能传递和累积高层的意志。

高层自己注意到变化、差异，通过表扬，现场员工的自我肯定感就会增高，然后会思索下一步怎么做。这样一来，不仅是自己的现场，其他现场也会对周围的变化非常敏感，开始良性循环。用这种方式让员工感到被看见被评估，有一种安心感，彼此才能搭建起信任关系，并成为工厂经营管理的基础。

另外，被高层关注，现场就会以合理的紧张感进行工作，员工的上进心能够被调动起来。同行业其他公司的现场也会开始思考和理解，到底自己的工作能为企业带来什么价值。

事例　高层与现场对话，建立信任关系

丰田汽车　印度

在丰田汽车印度公司经常看到日本籍工厂高层对每一个人

都非常礼貌，高层一进入工厂就会和管理几名员工的班长打招呼，并拍一拍每个人的肩膀，问道："你好吗？有没有什么烦恼？"

这样一来，正在等待的现场班长就会把自己制作的设备和改善情况进行汇报，听到汇报的高层会笑眯眯地确认内容，最后加上点评，进行表扬。就这样，现场班长能渐渐地靠近高层，高层也能用同样的方式，听到更多现场班长的声音（**图 33-1**）。

这样的日常行动是联系工厂高层和现场的关键，并由此构建起彼此之间的信任关系。

从右数起的第三位是丰田汽车印度公司的副社长（当时）

图 33-1　现场指导场景（丰田汽车　印度）

| 成长期 秘诀34 | 用积分评价改善提案，提高积极性 |

要管理的经营资源是"人、物、钱"，放在第一位的"人"是最重要的，也是竞争力的源泉。大部分的最强工厂的"人"很有干劲，能独立开展业务，各工厂在各自钻研、实施融入自己意志的对策。

事例1　评价基准、考核及工资的对应关系公开化

日立金属　泰国

第1章"秘诀6"中介绍到，日立金属泰国公司在创办工厂之初，日本员工太多，所以出现了"日本人和当地员工之间无法共识目的""日本人下达命令，当地员工无法自主行动""相互之间不信任，企业内士气低落"等问题，存在着很多弊端。

为此，上任新社长的高层领导，明确提出了愿景，将"努力就有回报"作为口号，以此来开展活动。将日本籍员工减到最少，为了建立培育当地自立型人才的环境，实施的对策之一就是产品经理制度。

通过这样的措施，提高当地员工的士气，成功建立了日本人与泰国人的信任关系，这一点在"秘诀9"中介绍过。

而"秘诀23"中讲到，PBS（Performance Based System）的激励制度也带来了具体的成效，生产效率达到了2倍。明确出评价基准，将每个人的审核结果直接反映到工资上，就能激发出当地员工的"努力欲望"。要点在于不局限于以组织为单位的评价，而是对每一个人都要有量化的评价。

事例2　公开考核基准与结果，进行公平的评价

东丽　中国南通

东丽中国南通公司从"对取得成果的人进行公平的评价，并回报他们"的思想出发，明确出考核基准、考核结果，并采取了公开的方式，将每个人的成果直接反映到收入上。同时，运用业绩连动型的奖金制度，把每个人的成果直接与收入挂钩，不同的层级评估的方法不同，但思路都是一样的（**图34-1**）。

其中，以班长层级为对象的日常评价独具特色，班长的主要工作是监视、点检、维护厂房等，即使是班长，每个车间的业务、考核要点都不一样，为此需要设定全企业通用，分车间的两类评估项目，从两个角度设定基准。每个项目的评分范围限定在+3分到-3分。

每个项目，经理都要每天对其负责部门的每一个员工进行业务推进结果的评价、打分。每个人的评估结果都会被展示在管理板上，并且以天为单位，和月为单位进行总结，计算出标

| 思路 | 对于有成果的人员，要简单明了地反映到待遇上 |
| 概要 | 评估基准/评估结果的明确化及公示
企业业绩连动型的奖金反映 |

层级		评价方法
一般层级	班长层	日常评价制度 • 根据全企业通用、各现场基准，每天打分 • 从各月总分计算偏差值，在偏差值范围内决定
	系长层	• 部长科长层级进行评价 • 各负责董事确认评定理由，最高级别考核者在董事、理事出席的人事会议中进行审议、决策
管理层		• 各负责董事进行评价 • 人事会议中进行审议、决策

图 34-1　重新审视待遇、评价制度以加强组织力（东丽　中国南通）

准偏差进行公示。

这些机制的优势在于，对于被评估者的评估透明性很高，能促进认真工作的员工的积极性，并通过进一步公开，反映出由于业务类型、人员不充足等条件而带来的不公平感是否合理，总之就是评估者自身要经常反思评估的合理性。

该企业在这种机制出现疑义时会纠正，如果员工无法接受，就会认真地说明，以此来建立与员工的信任关系，形成良好的企业环境（**图 34-2**）。

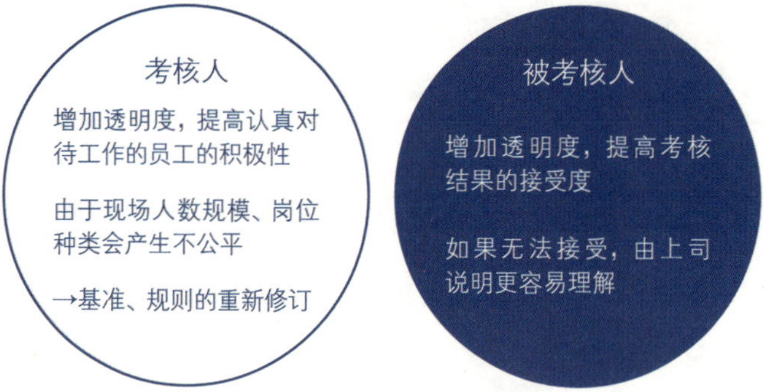

考核人

增加透明度，提高认真对待工作的员工的积极性

由于现场人数规模、岗位种类会产生不公平

→基准、规则的重新修订

被考核人

增加透明度，提高考核结果的接受度

如果无法接受，由上司说明更容易理解

图 34-2　修订制度的意见收集（东丽　中国南通）

成长期 秘诀35 用积分评价改善提案，提高积极性

大部分最强工厂，改善提案活动都很活跃。这些都是基本上被制度化的工作，不需要强制，就能自发地进行提案，能长久地坚持下来。每家企业的共同点是即使是自发的活动，对于提案内容也能做到公正地评价，同时可以以不同形式进行反馈。

事例　导入改善提案可兑换商品的积分制

日立金属　泰国

日立金属泰国公司采取了一项独特的机制，将提出改善提案的内容进行评价，换算成积分，获得的积分可以兑换商品。

每年可以多次进行提案，如果被采纳，积分可以跨年度进行累积。积分一旦累积够了，可以交换家庭用品，还有员工获得了最高奖励——一辆自行车。改善提案制度要避免程序化，还要让员工看到提案的乐趣。

这个机制的产生，也并非是企业制订了计划，强制要求的，而是通过员工的提案，他们自己决定用这种方式来孕育提案的土壤。

防止短期的活动半途而废

提案制度的活性化和成果的评价方法密切相关,一般来说,会每年举办两次活动,课题虽小,但是活动周期长,如果无法维持紧张感、集中力,很容易半途而废。

为此,最强工厂当中,活动期间即使持续半年,这个过程中也会进行"QCD改善"和"安全改善",每年进行"QCD改善"的两个课题和"安全改善"的两个课题,每三个月进行一次发表,防止大家懈怠。另外,还以90天为周期进行循环改善。

发表会在全体员工面前进行,提案的当天会进行评价,在全体员工面前表彰。重要的是,用数值来评价成果,通过与经营成果的联系进一步明确成果。现场的改善活动一定不能只是单纯的变化,而是要有实实在在的成果。

对开展了良好的改善活动的成员予以认可,让该成员感受到工作的喜悦、自信,在这方面形成具体的机制,也是得以成长为最强工厂的原因。

通过共享成功的体验,能够诱发大家注意到现场的问题,互相认可,在现场中产生一种"温度"。而支撑这种结果的便是公平的评价机制。

现场的操作人员对于工作有自己的想法,改善提案则是将这种想法付诸现实的契机,认可良好的工作,相互尊重、互相切磋,也是形成企业氛围的一大基础。这里面关键就在于方式方法。

成长期	
秘诀 36	**让当地员工研究评价制度**

或许读者们会认为，创办没多久，要把人事评价制度的制定就这样交给当地员工应该是件难度很大的事情。

但是，大部分最强工厂中，积累了经验的当地员工，理所当然地会研究、完善评价制度，而通过把这项工作交给他们，对于他们提升积极性是有巨大的帮助的。

比起由日本员工建立制度，当地员工对评价方法的接受度更高，所以在业务的执行上也会意想不到地顺利。

事例　由当地员工干部及选出的委员决定评价基准

NEC PLATFORMS　泰国

NEC PLATFORMS 泰国公司现场的操作人员占了员工的七成，泰国籍管理干部和选出来的委员（激励委员会）相互协作，建立起了简单而又容易理解的机制，要点有三个：

①每一条生产线，每一个组分别设定目标
②以各组为单位，根据目标达成程度进行评价，给予报酬
③评价由激励委员会每月进行，反映到每月的工资当中

操作人员只要努力了，就会被认可，而且直接反映到工资

上，所以大家都很期待。

但在实施阶段出现了一些问题，例如"对于造成目标没有实现的主要责任员工集中责备，团队协作、信任关系崩塌""生产技术、质量保证相关人员和激励不直接相关，对制造的支援质量很差，导致拖了制造现场的后腿"。

为了解决这些问题，泰国籍管理干部和委员会再次进行了讨论，大家各持不同的意见，统计也花费了很大的功夫，但最终确定了两点，即"研究激励的方式，导入积极和负面的激励方式""对泰籍员工和委员充实、加速业绩评价的训练"，这两项措施的实施，基本解决了当初的问题。

还有一个措施也是备受关注的，就是培训内容的评价和改善都是由泰籍管理干部和委员实施（**图 36-2**）。泰籍干部（泰国经营管理）会议、委员会上的评价为主要形式，授课对象也会对授课人员进行评价。

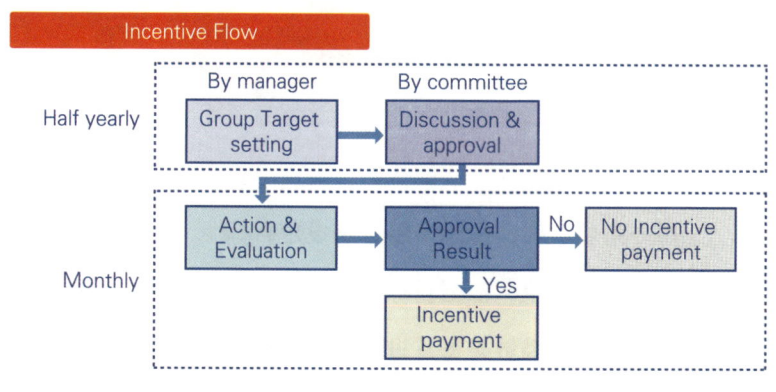

图 36-1 评价的流程（NEC PLATFORMS 泰国）

第5章 提高积极性的评价与活动

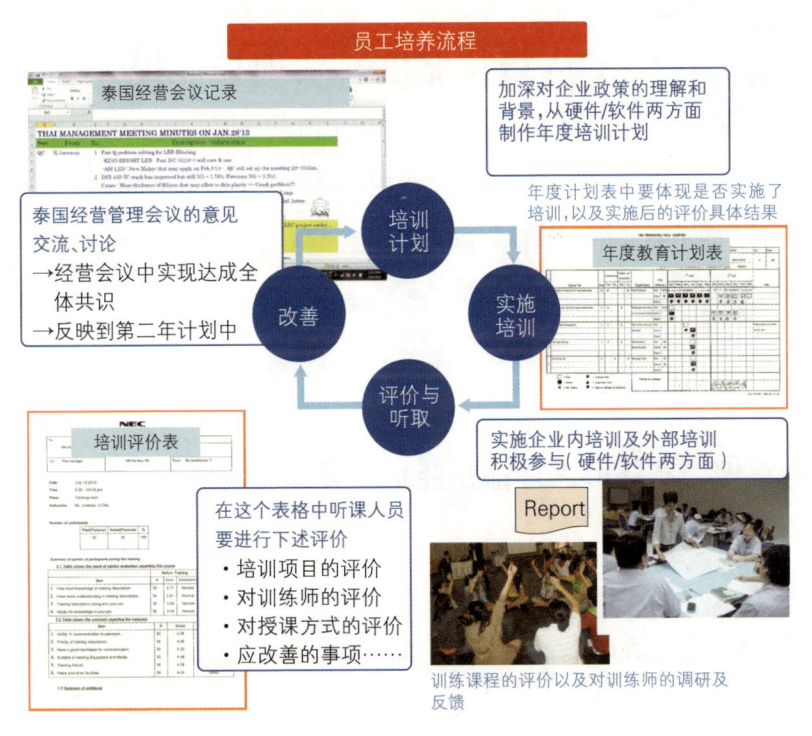

员工培养流程

泰国经营会议记录

加深对企业政策的理解和背景，从硬件/软件两方面制作年度培训计划

泰国经营管理会议的意见
交流、讨论
→经营会议中实现达成全体共识
→反映到第二年计划中

培训计划 → 实施培训 → 评价与听取 → 改善

年度计划表中要体现是否实施了培训，以及实施后的评价具体结果

年度教育计划表

培训评价表

在这个表格中听课人员要进行下述评价
· 培训项目的评价
· 对训练师的评价
· 对授课方式的评价
· 应改善的事项……

实施企业内培训及外部培训
积极参与（硬件/软件两方面）

Report

训练课程的评价以及对训练师的调研及反馈

图 36-2　教育内容的评价及改善循环（NEC PLATFORMS　泰国）

成长期	
秘诀 37	导入资格制度，实现技能提升

能为企业所用的资格制度有很多，大部分最强工厂导入的是经过深思熟虑的资格制度，在这里为大家介绍一个日本国内工厂——长野奥林巴斯。

事例 将核心人才的技能水平具体化

长野　奥林巴斯

该企业在个人能力提升方面的基本思路是"掌握基础，实现核心人才的职业提升"。如**图 37-1** 所示，该企业的产品制造所需要的技能、知识，以技能鉴定 3 级~特级的分级体现在纵轴，横轴则为入职的年份。

更有代表性的是进入公司十年以后的核心人才大致分为技能系和管理系，具体的人才分类包括"第一线监督人员""改善推进人才""高技能人员"，也就是分为核心人才、擅长管理的人才、擅长改善的人才、擅长技能的人才。

这些都是员工自己的职业历程，而且很容易理解。

培养机制，是要培养备受期待的人才，以资格认证"制度"为基础，开展培养人的"活动"（**图 37-2**）。

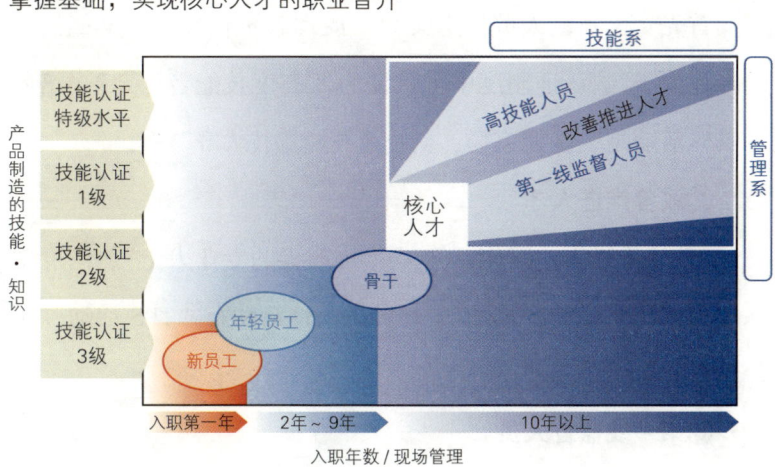

掌握基础，实现核心人才的职业晋升

图 37-1　技能系核心人才的培养（长野　奥林巴斯）

根据培养所期望的人才应有的"制度"，开展"活动"

核心人才	定义	制度	活动
①高技能人员	理解原理原则，能进行产品制造的专业人员	高技能人员认证	・技能道场 ・全企业技能竞技大赛
②改善推进人才	推进改善的专业人员	工厂诊断师认证	・TPS 活动（工厂诊断）
③第一线监督人员	现场的经营人员	各层级培训	・TPS 研修

图 37-2　技能系核心人才培养的机制（长野　奥林巴斯）

①高技能人员

首先"高技能人员"定义为"既理解理论知识，又能制造的专业人士"，认证制度中被认证为"高度技能者认定"。培养的具体活动是"技能道场、全企业技能竞技大赛"等。

②改善推进人才

"改善推进人才"定义为"推进改善的专业人士"，制度中认定为"工厂诊断师认证"。培养的具体活动有"TPS活动（工厂诊断）"等。

③第一线监督人员

"第一线监督人员"定义为"现场的经营者"，制度为"各层级培训"，具体的活动有"TPS研修"等。

通过企业所期待的技能系核心人才具体化，对于提升技能的干劲提高也大有裨益。

这一事例虽然是日本的国内工厂，但海外工厂也可以用这一路径导入技能型人才的培养计划，这样有助于提升员工的士气，这么做，也展现了企业到底对自己有什么期待，非常清晰。

第6章

日常经营管理

第6章
日常经营管理

日常的经营管理在形成工厂体质方面有着巨大的影响力。

基于日常经营管理所开展的活动将形成习惯，企业的体制以及工厂的机制，并对员工对待工作的姿态产生影响。日常经营管理的状态将决定工厂体质，这么说一点也不为过。

此前介绍过的秘诀都是各家工厂开展日常经营管理的结果。这些秘诀取得什么效果取决于日常做了什么样的经营管理。

泰国的一家工厂，在创办之初，同时在事务所工作的日本员工和泰国员工会一起进行20分钟的清扫工作。

当初，日本员工捡的垃圾量比当地员工捡到的垃圾量明显要多很多，不同的人，差距能有两倍以上。泰国员工只捡眼前看到的垃圾，日本员工则把沟渠里、缝隙里的小垃圾都捡到了。

持续清扫的过程中，有泰国员工注意到这一点了，于是学习日本人的方式方法。最终，捡到的垃圾量没有差异，工厂明显变干净了。

这就是通过日常的经营管理，使得当地员工的意识发生了改变，是现场的典范。

让员工充分认识到日常经营管理的重要性，关键就在这里，在自己的周围，时刻地、具体地，在各种各样的场合广泛地，能明确地看到对日常经营管理进行改善，这当中是有秘诀的。本章将从日常经营管理的视角来看看各企业是怎么做的。

| 成长期 | 生产实绩的回顾及会议要严格遵 |
| 秘诀38 | 守定时、定期召开的规则 |

作为沟通交流的手段,会议、讨论、集中开会都很重要。特别是日本与海外的国家,在语言上、习惯上不一样,因此,沟通对于工厂运营是很重要的。最强工厂认识到会议对经营管理来说是沟通的重要手段,因此在实施上也很讲究方式方法。

事例1　在定时会议中尽早解决课题

东芝信息机器　菲律宾公司

东芝信息机器菲律宾公司实施的是"1pm/1am 会议"(Daily 1pm/1am),这是在每天的下午1点、凌晨1点,将每天的生产、质量情况以及异常值进行汇报的会议。除了夜班、休息日确定好当值人员进行召开,一般下午1点的会议,工厂高层、相关部门长、经营管理人员会全员参与。

这个会议,要求必须每天1点钟集合召开。出现问题的时候,要适时召集参与人员开会,但重要的是要将这个机制日程化。

这一机制实施以后,"能够清楚地看出谁是带有问题意识的""可以预先知道质量异常""因为能够定时实施,所以能够各自事先行动"等优点逐渐体现出来。特别是,为了掌握当地员工的特性,需要持续定时召开。

该企业的其他会议也是定时召开(参考第 1 章 "秘诀 8")。每周举办三次的"社长对话"会也是有意识地定期化。同时,该企业的社长早上第一件事就是讨论和会议,从周一到周五都有定期会的召开。

事例 2　每两小时确认产品的质量　　日立金属　泰国

日立金属泰国公司以两小时为单位对工作进行回顾。以现场工作量的可视化和责任的明确化为目的,该企业每两个小时对操作员工的产出量及结果进行展示(**图 38-1**)。一旦达到了目标,就用蓝色笔记录生产量,没有实现的则用红色笔记录。出现不良品时,每两个小时就要拿到不良解析室,由专业人员进行解析、维修、报废的处理(**图 38-2**)。

通过每两小时回顾工作和确认质量,练就出一个时刻有紧张感的现场。

现场的工作量可视化、责任的明确化

◆每条工序流水线的<u>流水线设计书</u>（记录人员构成、标准循环时间、流水线情况表格）以及每两小时，操作人员的目标工作量以及结果跟踪表格

流水线负责人，<u>每两小时将生产产出数量记录到公开跟进表上，如果实现了目标用蓝色笔填写，没有实现则用红色笔填写</u>（反映到激励工资中）

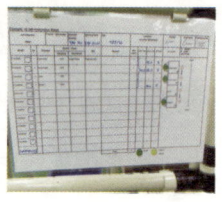

图 38-1　现场的工作可视化、责任明确化

流水线内出现不合格品时应对措施的规则化

◆生产线中出现的<u>不合格品</u>，由流水线负责人每两个小时拿到<u>不良解析室</u>，由质量保证人员分别进行三个环节的工作（①解析、②返修、③报废）。

接收不合格品　　　对策跟进表　　　跟进会议

《①解析》每天、改善小组（质量保证・制造・制造技术・设计）在午休后采取对策、跟踪。
《②返工》交给返修专用线。
《③报废》同意报废后削减固定资产。

图 38-2　不合格品的措施规则化（日立金属　泰国）

初创期
秘诀 39　创造让当地员工成为主角的机会

前面反复讲到，海外工厂的最大课题是当地员工的自立化。大部分企业，把以当地员工为主体运营工厂作为中期目标。

以前的制造业全球化目标是降低成本，但现在的工厂全球化，需要在对象国家、地区进行当地生产当地消费，或者是要发挥出当地的特性。这里面很关键的一点是为当地员工成为核心角色创造机会和环境。最强工厂中有很多这样的案例，例如为当地员工提供积极发言的场合、改善环境等。

事例 1　在定时会议中尽早解决课题

NEC PLATFORMS　泰国

NEC PLATFORMS 泰国公司为了实现预算目标，从经营目标倒推，建立起每一个计划的活动计划，而月度会议中会进行活动的汇报。这一会议和当地经营管理会议是联动的（图 39-1）。

另外，该企业也广泛地组织由当地员工组成的各种委员会。例如，"安全""福利厚生""环境""CSR""5S""新年会企划"等委员会，成员是从各个现场选拔出来的。这些委员会是各成员进行接触的机会，对沟通交流和人才培养起到了促进作用。

第 6 章 日常经营管理

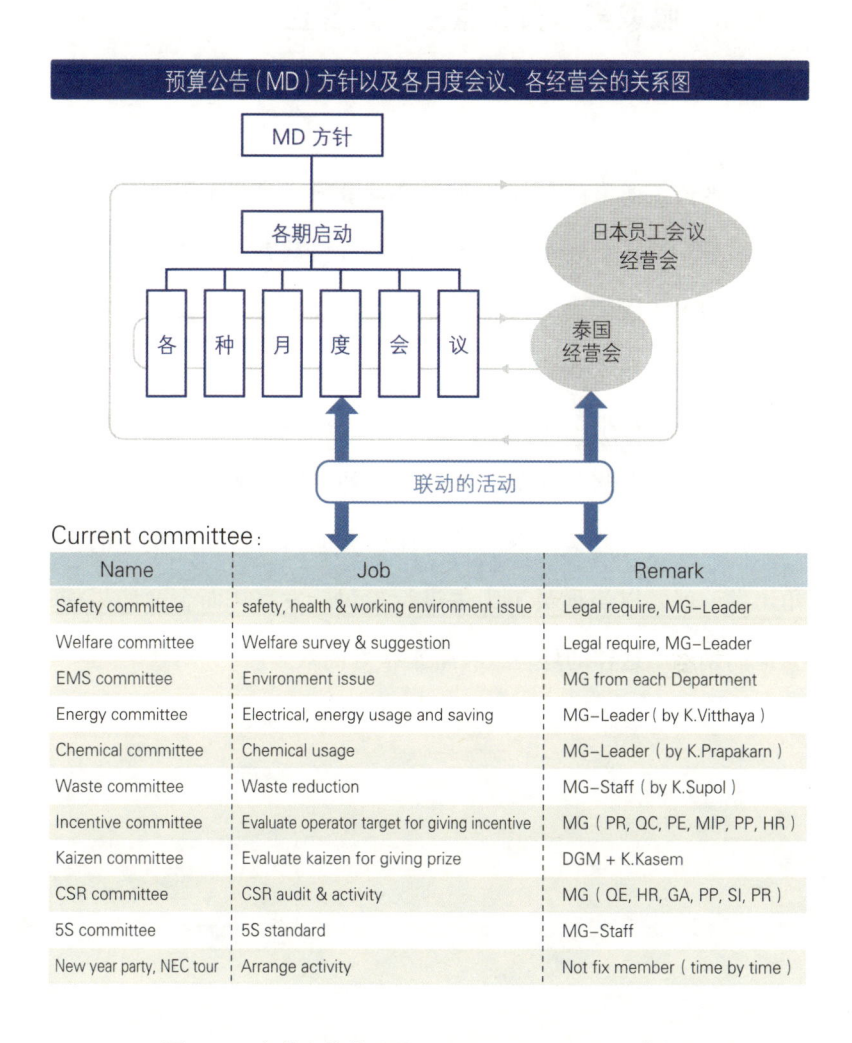

预算公告（MD）方针以及各月度会议、各经营会的关系图

- MD 方针
- 各期启动
- 各种月度会议
- 日本员工会议 经营会
- 泰国 经营会
- 联动的活动

Current committee：

Name	Job	Remark
Safety committee	safety, health & working environment issue	Legal require, MG-Leader
Welfare committee	Welfare survey & suggestion	Legal require, MG-Leader
EMS committee	Environment issue	MG from each Department
Energy committee	Electrical, energy usage and saving	MG-Leader（by K.Vitthaya）
Chemical committee	Chemical usage	MG-Leader（by K.Prapakarn）
Waste committee	Waste reduction	MG-Staff（by K.Supol）
Incentive committee	Evaluate operator target for giving incentive	MG（PR, QC, PE, MIP, PP, HR）
Kaizen committee	Evaluate kaizen for giving prize	DGM + K.Kasem
CSR committee	CSR audit & activity	MG（QE, HR, GA, PP, SI, PR）
5S committee	5S standard	MG-Staff
New year party, NEC tour	Arrange activity	Not fix member（time by time）

图 39-1　经营会的关系图（NEC PLATFORMS　泰国）

事例 2　吸取当地员工意见，改善企业

日立金属　泰国

当地员工如果能参加企业的决策事项，有利于采纳员工视角的对策。日立金属泰国公司以员工对食堂有不满为契机，让员工作为主体研究食堂改革，如改造为快餐店式，便利店入驻等（参考第 1 章"秘诀 7"）。

员工当中有很多主妇常常抱怨下班后买不了菜，为了解决这个问题，企业将日用品、食品行业的店家引入厂区内，方便员工在午休的时候买东西。无论什么样的措施，要从员工的视角出发，就要以当地员工为主进行探讨、发言，而企业如果能为他们创造出这样的环境，将带来很好的效果。

初创期
秘诀 40

有可视化的意识

代表丰田生产方式的机制——可视化，在很多的制造型企业都进行了导入。可视化的要点是"制造相关人员建立共同认识""正确判断情况""解决课题、问题"。

海外工厂要避免因为语言、习惯、文化、差异等引起的认识偏差，可视化就是一个需要重视的手段。可视化的基本原则是"任何时候""无论谁"都可以看到。

在这里，为大家介绍最强工厂实施的可视化。

事例 1　及时地将整个部门的情况可视化

丰田汽车　泰国

丰田汽车泰国公司采取了独特的运营机制——"自立化大房间"（图 40-1）。确定安全、质量、成本等主要 KPI，并与能实现这些指标的各部门具体措施联动。资料是由每个部门制作，计划、实施情况、结果要让全体人员看到。

该企业的显著特征是，一连串的目标展开、措施、实施情况都在现场一个比较宽敞的房间进行展示，所有部门（部以及课）的情况都能实时看到。高层听取情况后，会进行指导。不

图40-1 自立化大房间（丰田汽车 泰国）

仅是自己部门的情况，其他部门的情况也能掌握。让大家感觉到其他部门的事情就像自己部门的事情一样，还能形成学习的机会。

事例2 公布考核排名，反映到工资上

东丽 中国南通

东丽中国南通公司为了强化组织力，对待遇、评价制度进行了重新梳理（第3章"秘诀24"），这个措施的方针是"明确考核基准、结果，并予以公布"以及"支付与业绩相符的奖

金"。该企业每天会评估当地员工的实际产出,并从每月的累计值中计算出偏差量,确定排名。评价值高的人员,在他的薪资上会有所反映。

通过这一做法,使得被评估者对于评估更能接受,考核者由于评估的透明度高,而产生更多的责任感。

如果对评估有异议可以要求上司解释,对于工作环境、业务类型感受到不公正时,也可以要求确认与说明。这么做可以吸收更多的意见,对基准、规则的重新制定带来帮助。

初创期 秘诀41　每一位员工都要诚恳地交流

日本员工在海外工厂特别要重视的是与当地员工的密切交流。最强工厂中的工厂高层与现场的每一个人都会诚恳沟通。

第5章"秘诀33"中提到,在丰田汽车印度公司,造访现场的工厂高层会确认改善的内容,并且认真地进行点评。这种高层行为,能够激发出工厂人员的一体感。

与员工的沟通交流是成为最强工厂不可或缺的一点,是应该重视的手段。而沟通交流决不能想到什么说什么,而是要建立起机制,坚持实施。

事例1　提供沟通交流的机会

东芝信息机器　菲律宾公司

东芝信息机器菲律宾公司,事业部高层、工厂高层都和当地员工进行积极的沟通交流。具体的方式是,每周3次的社长对话会,以及每月1次的人事部门与员工对话会,非管理人员代表会议等(参考第1章"秘诀8")。还有每月的生日会,每年的圣诞晚会,夏天的野外活动。

之前提到,负责人要与每一个人诚恳沟通,开会时,负责人能够直接向员工确认、进行指导，并能感受到每个人的成长。

事例 2　与现场每个人面对面的活动　丰田汽车　印尼

与员工每一个人都面对面，听他们说话，做得好的地方要表扬，这一点是非常重要的。让人意外的是，做到"聆听"是很难的一件事情。聆听的一方如果时间宽裕还好，忙起来就会忘记了要聆听。丰田汽车印尼公司开展的是"员工之声"的活动。

这个活动，是员工把在操作时注意到的事情，希望改善的地方，向现场负责人提出来（参考第 1 章"秘诀 8"），这一活动的特征是负责人吸收员工注意到的问题点、改善点，进行公布，制订出改善计划，并实施、跟进。不能只是听取每一个人的意见，要好好地与每个人面对面地交流。

事例 3　创建全体员工能参与的机会
　　　　　　　　　　　　NEC PLATFORMS　泰国

NEC PLATFORMS 泰国公司提出 "Become a SMILE company" 的口号，开展微笑照片大赛，制作微笑标志、吉祥物。该企业花了很长的时间制定中长期的企业方针，鼓励组织文化的启蒙活动。

这其中，以 SMILE 为核心的活动很有代表性，企业开展了多种多样的策划，很活跃。前面的微笑照片、微笑吉祥物就是全体员工研究的结果。该企业能注意到每一个员工，并且为全体员工提供共同参与的机会（参考第 1 章"秘诀 1"）。

初创期	企业、工厂的高层在媒体上露
秘诀 42	面，提升品牌印象

大部分企业会发布面向员工的内刊、新闻等，在工厂里的展示板上会张贴企业的新闻等。在这些内容中，安全管理，社会贡献，出口贡献的奖状、奖牌，工厂的高层和国家、自治体领导人的会晤照片也会被贴在展示板上。这些内容对于到访工厂的人员是特别好的宣传，对员工也能起到积极的作用。

这些措施的目的是提升企业的品牌印象，在这里为大家介绍最强工厂采取的品牌力提升措施。

事例 1　高层与总统会面　　东芝信息机器　菲律宾公司

东芝信息机器菲律宾公司在工厂内的员工通道张贴了公司高层和菲律宾总统、州知事握手的照片（**图 42-1**），目的在于"让员工感受到在自己企业工作的自豪感"。

工厂高层亲身参与这样的活动，是因为能提高自己工厂的品牌力。员工看到这样的照片，会增强对高层的信赖感和对企业的归属感。

2012年 SEIPI Partner of the Industry Award

图 42-1　高层的活跃体现工厂的地位（东芝信息机器　菲律宾公司）

事例 2　从媒体上获取素材　　　　丰田汽车　印度

获得认证证书，接受来自国家、自治体的表彰也能提升品牌印象。丰田汽车印度公司也成为日本的商业杂志《日经商业》的题材。这些例子不仅仅能提升品牌印象，还能提高员工的积极性。

《日经商业》（2007年4月2日刊）

图42-2　当地员工被日本经济新闻报道（丰田汽车　印度）

初创期 秘诀43　日本员工要有良好的行为举止，成为当地员工的榜样

　　亚洲地区的日本常驻员工的工资水准相当于10名当地职员，70名作业人员的工资。国家、地区、企业不同，多少会有一些差异，但总体来说日本员工的工资都会比当地员工高。不仅仅是工资方面，如果从当地员工的角度看，拥有经验、技术、知识的日本员工都让他们甘拜下风。

　　正因为如此，日本人作为当地员工的榜样要留心自己每天的行为举止。

　　日本员工不仅拥有丰富的实务经验，还有对工作的热情、责任感。但是责任感如果过强，就会难以把工作交给当地员工，容易形成命令式的口气。这种方式很难和员工形成信任关系，更难以推动当地的自立化。

　　常驻海外工厂的日本员工不仅仅是管理层的身份，有时候还是合作伙伴。在当地员工看来，同样都是日本人，所以除了工厂内的行为外，下班后也要注意言行举止。在本节，为大家介绍日本人行为在当地起到良好效果的事例。

事例　学习日本人的清扫，建立良好的环境

日立金属　泰国

日立金属泰国公司每天开始上班的头 20 分钟，日本员工和当地员工会进行清扫。当初，日本员工捡到的垃圾量比当地员工要多很多。日本人能注意到沟渠里、缝隙里的垃圾，而当地员工只能在显眼的地方发现垃圾。

持续清扫不久后，开始有当地的员工注意到大家捡起的垃圾量了，于是开始学习日本人的清扫方式，工厂也变得干净了很多。日本人的好行为让当地员工注意到了，这对双方都有良好的效果。

该企业是当地员工和日本员工在同一个办公室办公，日本人对办公桌的整理整顿也是非常好的示范。

图 43-1 是清扫时拍摄的员工照片，图 43-2 是整理过的庭院照片。这之前，马路上、庭院里都是烟头，但是大家开始打扫院子后，扔烟头的人变少了。从这些事情，日本的派遣员工、出差员工意识到"时刻被注意到""大家都关心当地没有的做法"，就会更加注意行为表率。

开工前，每天进行 20 分钟的清扫

一开始，日本员工捡到的垃圾明显比本地员工要多很多，差距主要在于留心的程度。日本人从表面，到看不见的沟槽里，墙角后面，都能发现很细微的垃圾。而当地员工只会去捡眼前的垃圾。日本员工以 OJT 的方式将要点传授给了当地员工，一旦能够理解要点，那么所有人都没有差异。

图 43-1　清扫活动时的员工（日立金属　泰国）

将休息场所修整干净，作为"日本品质的象征"

作为日本品质的体验中心，工厂内的员工休息场所的质感也以日本品质的水平进行改善，并试图挑战让拜访的外来人员不再随手扔烟头（让吸烟者在想丢烟头时出现犹豫），随手丢烟头的现象消失了。

图 43-2　庭院打扫得很干净，外来人员丢烟头的行为也消失不见了

（日立金属　泰国）

第 7 章

开展 CSR，实现工厂的发展

进出海外的工厂为实现自立化,最重要的并不只是巧妙地运营工厂,提升业绩,还要作为地区社会的一员而努力获得信任。为此,外资工厂要转变为融合于当地社会的工厂,大部分企业都很积极地开展地区的贡献活动。

这样的活动一般称为"企业的社会责任"(CSR:Corporate Social Responsibility),但是在基础设施不十分完善的国家、地区,还存在着教育、福利没有落实等课题,所以,由企业代为进行服务的这些活动,是企业重要的 CSR 活动。

各工厂以自己的企业基准开展 CSR 活动,活动的方向性大致有两个特点。

①企业统管/员工服务

企业是社会性的存在,除了遵守法律法规,需要为每一名员工的幸福生活提供支持。

②地区/社会所追求的事情,工厂要掌握、协助

社会、地区、居民必要的服务,企业应该在可能的范围内完善,提供机会,以地区一员的身份提供协助。

这种姿态是工厂获得当地居民信任的关键要点。日本海外工厂开展的具体 CSR 活动,可以列举出下列几个项目:

- **企业统管与遵守法规**
- **对于员工的自立化支援**
- **对地区的贡献活动**
- **对教育机构的支援与协作**

本章将针对各家企业在 CSR 活动中开展的具体措施。

> 初创期
> 秘诀 44

通过广泛的社会人士培训课程支援员工的人生规划

CSR 活动到底如何提升员工的满意度，这里面有一个要点是提高"自立心"。为此，要认真对员工提出的意见制定对策，支援时注意透明度。无法应对员工意见的时候，要明确理由，并说服员工，这是在和员工构建信赖关系中切不可忘记的。

这样的活动不能因为一时心血来潮就大力推进，而是要把它作为一种机制进行运用。一时的活动没有持续性，会让员工产生不信任感。构建好机制，将运营移交给当地员工，才能更快地实现自立化。

事例　呵护员工心理的机制　　　　　富士施乐　深圳

富士施乐深圳公司，从 2006 年开始就实施了员工支援计划"EAP"（参考第 3 章"秘诀 20"），其目的是"成就'强大''体谅''有趣'的企业""提高员工稳定率，提升对企业的归属感""通过解决员工的疲劳，在 QCD 所有方面提供优质的商品"。

实施 EAP 的契机是 2005 年实施的员工调查问卷。结果是，员工当中存在"沟通障碍""孤立/孤独""心理状态不稳定，有时会需要其他人员的指导"等问题，于是该企业开始实施以支援员工为目的的 EAP 项目。该项目不仅是"员工（操作人员）培训的测试""制订与实施操作员工培训的 3 年计划"等实际技能的培训，还从"将 500 名操作员工作为对象，提取 10% 进行调查问卷""CSR 意见箱的设置""心理辅导的导入"等员工的健康方面考虑，建立起相应的机制。最开始实施员工的问卷调查，分析结果后反映到员工培训中，或者对个别员工进行精神上的关怀。

另外，还设立了以支援年轻操作人员自立为目的的"人际关系/沟通交流""（个人工资的计划型储蓄等）理财管理""预防生活中传染病等的生理保险"等 25 个以上的研修讲座。此外，在企业内部网上设置意见接收、与经营高层沟通交流的板块，还举办工作与生活的平衡/职场疲劳应对法/恋爱心理的指导等讲座（**图 44-1**）。

该企业在运用 EAP 方面，主要有三个要点。一个是"员工能自由表达的机制"。在 CSR 意见箱中，手写可以自由投稿的意见，内部网上可以用邮件传递自己的意见。另外，员工与经营高层的直接对话会，也定期举行（第 1 章"秘诀 8"）。

第二点是"心理、精神层面的机制"。一般的制造业中，人才培养的讲座是与业务直接相关的培训、训练为主，像该企业，从储蓄、恋爱等对员工的隐私都能提供支援的情况实属罕见。该企业在恋爱、结婚等生活方面，可以找宿舍里的心理咨询师沟通。很多员工是离开家人的十几岁年轻人，在新兴国家培养当地人才，需要这样的机制。

第三点，"面向员工丰富多彩的步入社会培训机制"。该企业面向生产线员工的讲座，以及面向职员、干部的讲座等，有很全面的面向各阶层的讲座体系。这些讲座的讲师是委托外部专家、机构，使员工能够接受正规课程的培训。

该企业不仅在技能、技术方面，还从国家、地区、员工的立场广泛考虑，形成项目。这一活动能够让员工对企业产生信任感，要说这是该企业离职率低的直接要因一点也不过分。

NO.	种类	概要		实绩
1	员工表述意见的机制	与运用内网的职能部门进行意见交换(邮件)		2005年导入,每年发送2000封
		CSR意见箱(手写)		2006年导入,每年投稿10封
		工厂经营者与员工恳谈(员工见面日)(面对面)		2008年导入,2010年开展18次,39人参加
2	对员工进行融入社会的培训的机制	面向在工厂流水线工作员工的讲座		2006年导入,2010年开展12次,共计1428人
		组长能力提升讲座		2007年导入,2010年开展5次,共计285人
		新员工讲座		2007年导入,以所有员工为对象
3	支撑心理上、精神上稳定的机制	心理辅导电话热线(委托专业企业)		2006年导入,2010年开展10次,共计481人,425小时
		心理健康关联讲座	面向在工厂流水线工作的员工、组长的讲座	2007年导入,2010年开展10次,共计1169人
			面向成员、干部的讲座	2008年导入,2010年开展6次,共计475人
		面对面心理咨询(委托专业企业)		2007年导入,2010年使用人数共计75人,125小时
		心理开放日(委托专业企业)		2010年10月导入,2010年使用人数共计31人

图44-1　EAP活动的具体实施事项（富士施乐　深圳）

| 成熟期 秘诀45 | CSR活动是包括供应商在内进行支援 |

工厂的稳定生产/运营中，包含供应商在内的供应链构建是不可或缺的。海外供应商运营不稳定的要素主要有劳动争议、违反法律、环境问题等。这些问题一旦产生，对于企业自身的生产有大幅的影响。

为此，CSR活动不仅是企业自己的，还要考虑到供应商，将供应链的风险降到最低，实现采购的稳定化，和供应商构建共存共荣的信任关系。

事例　与供应商共同发展的伙伴　　　富士施乐　深圳

富士施乐深圳，把原材料的采购商选定条件等设定为CSR采购，并把供应商企业定义为"共同发展的伙伴"，在环境、人权、劳动、企业伦理等价值观、目标上形成一致认识，构建共同解决各种课题的关系。

例如，作为客户企业，针对必要的技术、经验、经营管理会给予供应商指导、支援，这是加深与供应商关系的一种方法。供应商企业出现罢工时，客户企业也要重视起来，对供应商进行人才培养的支援等，共同成为有工作价值感的企业。

第 7 章 开展 CSR，实现工厂的发展

供应商员工通过接受指导，可实现自我启发，对工作的态度也会发生变化。该企业的活动会召开说明会，分发确认表，把企业的姿态和意志说清楚，为了稳定经营，哪些方面是重要的，哪些应该遵守，要以清楚明了的方式进行传达。这之后，通过商务行为确认是否按照 CSR 进行经营管理，开展必要的建议、支援（**图 45-1**）。

CSR 采购设立了指导供应商的专业团队，团队会实际到达供应商的现场，进行访问诊断、改善支援。诊断项目包括"企业伦理""劳动·人权""环境"等多个方面。诊断采取自主对各家供应商进行确认之后，确定访问对象，开展访问诊断、改善指导和支援工作的方式（**图 45-2**）。

持续实践这些活动将带来巨大的成果。

■以消除供应商的经营问题（员工稳定、劳务管理问题等引起的罢工）带来的影响，运用"CSR 诊断"流程，认识并解决问题的活动。

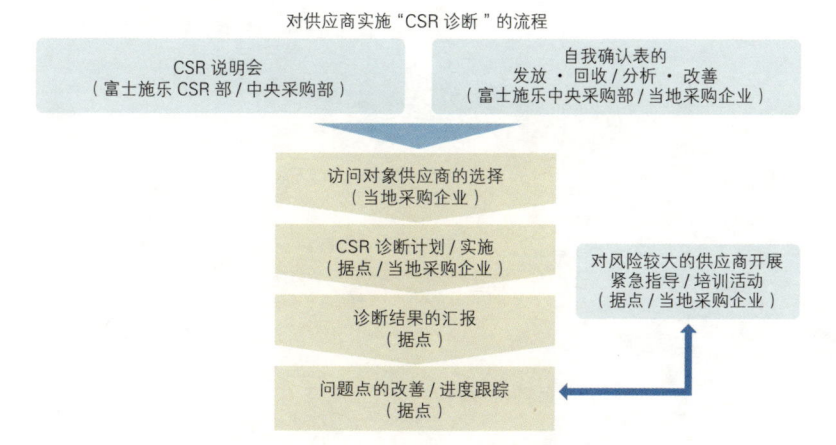

对供应商实施"CSR 诊断"的流程

- CSR 说明会（富士施乐 CSR 部 / 中央采购部）
- 自我确认表的发放·回收 / 分析·改善（富士施乐中央采购部 / 当地采购企业）
- 访问对象供应商的选择（当地采购企业）
- CSR 诊断计划 / 实施（据点 / 当地采购企业）
- 诊断结果的汇报（据点）
- 问题点的改善 / 进度跟踪（据点）
- 对风险较大的供应商开展紧急指导 / 培训活动（据点 / 当地采购企业）

图 45-1　对供应商进行 CSR 诊断的流程（富士施乐　深圳）

223

企业伦理	劳动·人权	环境
√企业伦理/合规管理 √防止腐败/公平采购交易 √知识产权保护 √完善提出问题、内部通报制度 √信息安全体制的完善 √向客户推荐、拓展业务	√遵守劳务法律 √劳动环境/劳动安全等管理 √健康/卫生管理、保健卫生设施 √福利制度 √人才培养	√抑制全球变暖 √生产方面节省资源 √回收/废弃物处理 √化学物质的管理 √自然环境保全推进 √遵守法律

图 45-2　对供应商进行 CSR 诊断的项目（富士施乐　深圳）

第 7 章
开展 CSR，实现工厂的发展

| 成熟期 | 为地区内有前景的人才提供接受 |
| 秘诀 46 | 培训的机会 |

新兴国家建设新工厂，启动生产，会给当地带来巨大影响。而住在那里的人们的居住环境，人们的生活也会发生巨大的改变。

对于企业来说，工厂运营必须确保获得人才，但所需要的人才并不能马上获得。在新兴国家中，每个地区的人们的教育环境都存在差异，要持续开展事业的话，需要在地区整体培养人才。

创办海外工厂，不仅要提供工作的场地，还有提供地区居民培训、研修的场地。

事例 1　打造以宿舍生活提高人性化的环境

丰田汽车　印度

丰田汽车印度公司在 2007 年创立了丰田工业技术学校（TTTI）（参考第 4 章"秘诀 32"）。在前一年，也就是 2006 年的印度卡纳塔克邦，中学生毕业后的升学数据显示，80 万毕业生里面有 50% 的学生通过了高考，都很优秀，然而这里面有 4 万名学生因为经济情况，无法进入专业大学、职业训练学校继续深造。

要改善这些状况,该企业设立 TTTI,作为社会贡献的一个环节(**图46-1**)。每年的课程内容可参考第4章"秘诀32",该校施行三年寄宿生活,一个房间两个人。由一名三年级学生和一名一年级学生住同一间,两名二年级学生住同一间。房间里有自习的空间,学长学姐可以照顾到学弟学妹。通过这种方式,自发地让学生们进行身心锻炼、素养、团队协作等社会培训。

事例2　培养能对国家发展做出贡献的人才

丰田汽车　印尼

丰田汽车印尼公司的 CSR 提出了"TOYOTA Berbagi(Berbagi = Bersama Membangun Indonesia)……丰田共享"的广告语,以"培训""交通安全""环境""地区贡献"四大支柱,开展社会贡献活动(**图46-2**)。其中,在2015年设立了丰田印尼学院(TIA)(**图46-3**)。支撑这个学院的核心——人才培养自然是目的,但通过高技能人员的培养,为该国的发展做贡献也在学院经营的范畴里。

TIA 中不仅仅是产品制造的现场实习,还聚焦于安全、质量意识的养成以及该国的人才培养。

第7章
开展 CSR，实现工厂的发展

▽设立：2007 年 8 月
▽培训时间：3 年
▽学生人数：64 名/学年（目前有 192 名）
▽专业技能：4 个工序种类（焊接、涂装、组装、保全）
▽学费：无
▽生活费补助：1 年级 1800Rs/月、2 年级：2000Rs/月、3 年级：2200Rs/月
　　　　　※成绩/态度优秀人员会得到奖学金

TTTI 外观　　　　　　　　　实习场景

图 46-1　丰田工业技术学校（TTTI）概要（丰田汽车　印度）

"TOYOTA Berbagi（丰田共享）"作为广告词，
以下列四大支柱开展社会贡献活动。

Berbagi = Bersama Membangun Indonesia

培训
・丰田阿苏特拉财团
・丰田技术培训课程
　（T-TEP）
・丰田运营中心

交通安全
・消除交通堵塞
　（Mampang 十字
　路口）
・丰田智能驾驶

环境
・丰田森林
・丰田生态运用

地区贡献
・丰田周围设施的基
　础整备
　（Sunter, Karawang,
　Cibitung）
・支援自然灾害的受
　灾者

社会贡献

图 46-2　丰田的 CSR 活动（丰田汽车　印尼）

227

2015年开设的丰田印尼学院，旨在培养国家认证的高技术人员。

丰田印尼学院概要

目的	（1）确保并培养支撑未来印尼丰田的核心人才 （2）通过培养高技能人才，对印尼国家发展做贡献	
课程	→丰田之道·丰田生产方式等思路 →人文、规则的相关课程 →制造现场的实习 （安全/质量意识的养成、技能提升的相关训练） →免课程费	
对象	SMK学生（相当于日本的高中生） →毕业后，原则上被TMMIN录用	
时期	2015年下半年已开始运营	

图46-3 "人才培养"丰田印尼学院（TIA）（丰田汽车 印尼）

| 成长期 秘诀 47 | 将地区贡献纳入经营视野，践行绿色工厂 |

工厂产生的二氧化碳（CO_2），排气、废水、废弃物等环境负担物质的削减也是 CSR 的一个环节，大部分工厂都在开展这项活动。这类活动若缺少当地人的理解、协助，无法带来巨大的效果。另外，有效的案例、经验可以推广到其他国家、地区，扩大至全球规模的改善是很重要的。这一连串的活动不仅仅是技术，活动的有效推进方式的经验诀窍也能提供很多参考。

事例　在世界范围内展开 CSR 活动

味之素　泰国 CANPENPET 事业所

味之素泰国 CANPENPET 事务所，位于首都曼谷西北方向约 358 公里的地方，周边环绕着木薯、甘蔗田，该企业以木薯等为原料，生产出调味料及副产品，确立起生物链。从 2008 年开始，为了降低环境负荷，该事业所开展了以绿色工厂为目标的活动。为此，产品生产过程中产出的废弃物、副产品（例如有机肥料）也需要全部进行再利用。这些工作扩展到能源，通过运用环保锅炉，使得石油使用量和环境负担降到最低。

该工厂以用更少的资源进行生产为目的，还总结了绿色工厂的概念（**图 47-1**）。要实现绿色工厂，该工厂要实施的工作有以下两项。

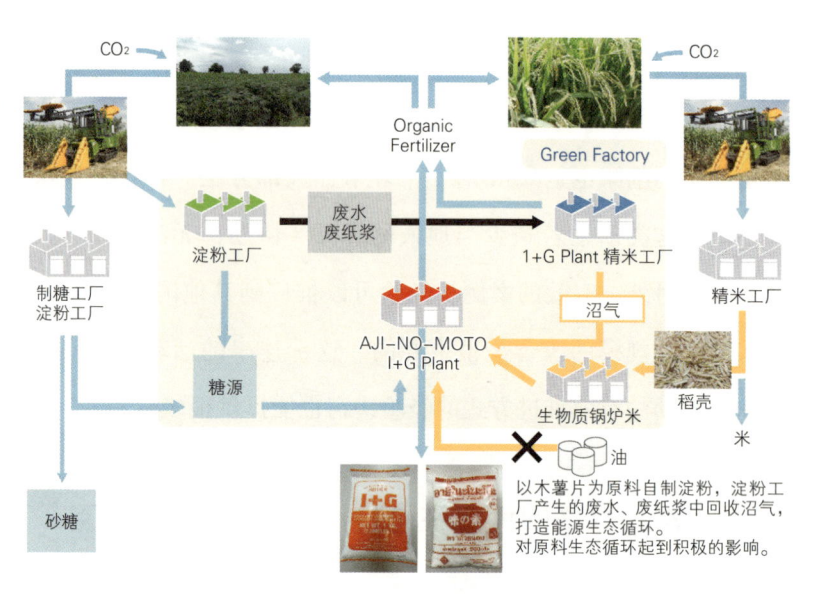

图 47-1　绿色工厂的概念及生态循环构建（味之素　泰国）

第一个是"获得地区社会的理解的工作"。地区社会理解的重要理由是生产过程中产生的副产品，要作为地区农民的肥料再次使用。因此，需要导入让员工和地区居民相互理解的机制。对于员工，要制定企业内的展示、研修、启发用的电子邮件 LOGO，制作标识组织价值的 POLO 衫，实现了愿景和任务的传递。还让附近的居民参加工厂的参观会、工厂组织的活动、周边学校的清扫活动等，加深大家对绿色工厂的理解。

第二个是"设立实现生态循环的项目"，由员工组建"建设团队""运营团队""交流团队""供应链团队",让员工参与到绿色工厂的建设当中（**图 47-2**）。通过项目培养人才不是唯一的目的，还要将项目中获得的经验推广到其他工厂。

例如，运用资源进行循环的生态循环活动已在 9 个国家，18 个工厂开展。CSR 活动不仅在一个工厂，而是在世界上都能发挥它的经验。

这一事例通过"联合国可持续开发会议……里约+20"展会在世界范围内被广泛宣传，收获了积极的评价。

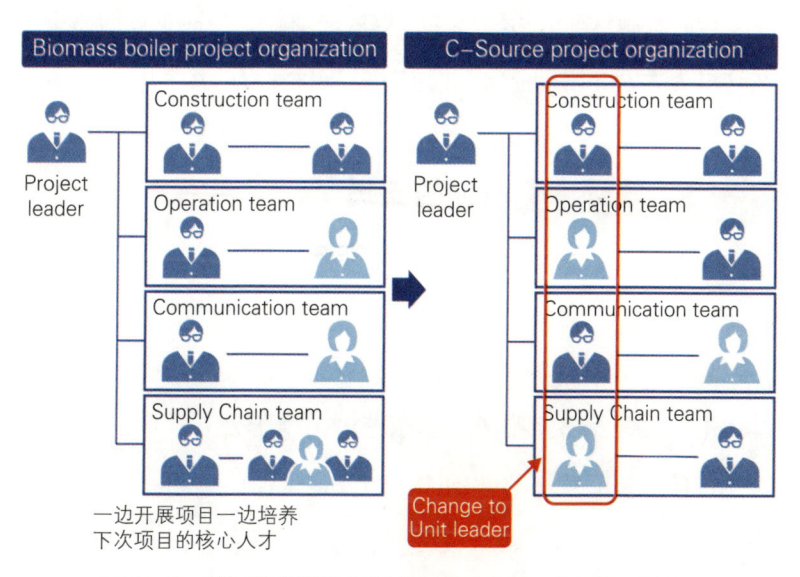

图 47-2　生物量循环推进项目的组成与发展（味之素　泰国）

| 成长期 秘诀 48 | 捐赠学校,支援教育,使员工为企业感到自豪 |

"秘诀46"中介绍了企业为当地居民提供教育的机会,除此之外,向学校捐赠的支援方式也很重要。

要说这个活动才是自身工厂在地区社会中存在价值的判断依据一点也不过分。

持续实施这样的活动将加强地区的信任,提高企业的品牌。在这里为大家介绍企业向学校捐赠,支援教育的几个措施。

事例1　教材、IT培训的支援

东芝信息机器　菲律宾公司

东芝信息机器菲律宾公司开展了①周边学校的教材支援,②图书馆改善及书籍赠予,③东芝电脑赠予公立学校,④奖学金制度的教育支援活动(**图48-1**)。这里面的①和②以小学生为对象,对所有学生赠予教材。图书馆的完善、搬迁,也是该企业大部分员工参加帮忙,开展一些和地区密切联系的活动。

③捐赠电脑时,还派了讲师,举办电脑教室。支援地区居民的基本能力提升。④是面向因为经济困难而无法上学的孩子,每年为10名学生提供奖学金,供他们上大学和职业学校。

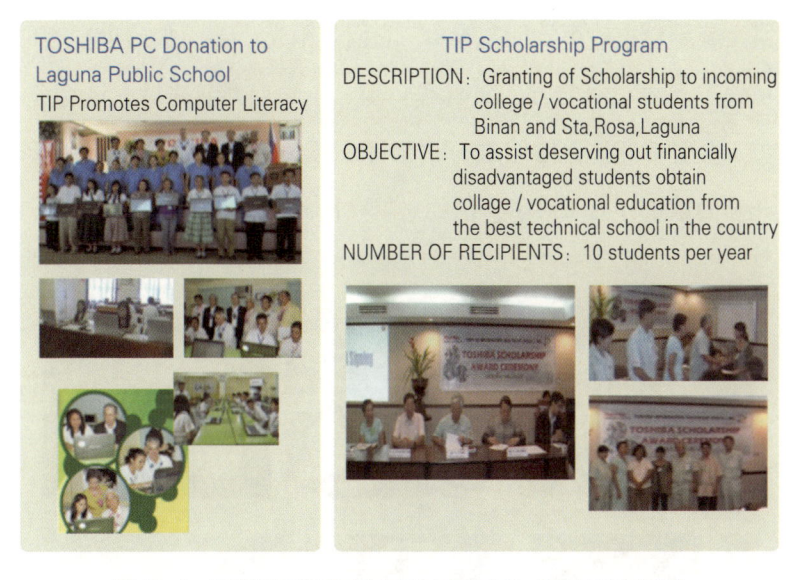

图 48-1 东芝信息机器 菲律宾公司（TIP）的教育支援活动

事例 2　设立奖学金制度，创办小学　富士施乐　深圳

富士施乐深圳公司所开展的学校支援大致分为两个方面，一个是建立从小学到大学的奖学金制度，这一制度的特征是面向广泛的地区范围。很多企业都只面向自己企业周边，该企业则对内陆地区、东北地区也设置了奖学金制度。

还有一项举措是创办富士施乐小学。该企业在教育支援活动中，特别以支援农村、产学地区的就学环境为目标，从 1997 年就开始成立小学。一开始设立的江西省希望小学是富士施乐上海设立 10 周年的纪念性活动。直到目前，在中国国内有五所富士施乐自主的小学创办成功，它们是阳光小学（重庆市）、环境保护小学（河北省、云南省）等。小学创办起来后，该企业员工会坚持拜访，继续进行捐赠等支援，在降低中国社会失学儿童的数量方面做出了自己的贡献（**图 48-2**）。

图 48-2　希望小学师生参观富士施乐（深圳）

终 章

最强工厂的七大心得

要成为最强工厂，最重要的一点在于工厂经营层、管理层的思路及行动。高层对工厂的想法、愿景、计划、措施、行动，方方面面都是实现最强工厂的关键。要提升当地员工对工厂的归属感、忠诚度，高层需要重视什么，需要留意什么，在本章中将会为大家进行说明。

心得1　对产品制造毫不动摇的价值观

实现最强工厂需要把企业理念贯彻到底，基于理念，形成稳固而不动摇的产品制造价值观，这在任何一个国家或者地区都是毋庸置疑的。在海外的工厂现场，虽然文化、语言和习惯不尽相同，但对于产品制造的精神应该是一致的。

制造现场每天都会发生很多的事情，在这种千变万化的情况之下，现场员工需要做出迅速的判断，而判断的基准就是企业理念，还有根据理念形成的"○○WAY""△△主义"等等。即使更换经营高层，最强工厂仍然会坚持和传承企业的原则。通过这样的方式将原则浸透给员工，建立起员工对企业的信任基础。

心得2　时刻意识到要提升水平

作为一个组织，明确"想要成为什么企业""想要成为什么工厂"，是需要有意识去做的一件事情，要想维持员工的干劲也需要这么去做。"到什么时候""成为什么状态"，将这些内容作为可以实现的目标，为了达到这一目标"现在需要怎么做"，把这一点传达给员工，对员工进行培养、支援，切实朝着目标努力和前进，这些工作都是非常重要的。

成功的企业会时刻意识到要提升水平，并以应有状态作为目标。大多数企业都设置了KPI，在集团内部进行排名。这是为了通过对各分公司、据点的评价，让大家明确意识到各个据点的现状，以促进水平的提升。只有确认好下一个课题，并且解决课题，不停歇地提升水平，才能走在实现最强工厂的路上。

心得3　打开心扉的沟通交流

让员工萌生对企业、工厂归属感都是哪些方面呢？企业在世界上知名度很高，待遇好，有学习的环境，有成长的机会，可以联想到多个因素。无论哪一个都很重要，而完善这样的环境便是企业高层的职责。

海外的最强工厂，高层的职责是摆在第一位的。让员工看到高层作为企业的门面活跃在社会上的姿态，员工归属感、忠诚度自然会提高。比如，总经理和该国总统、知事等高官名人见面，这对激发员工的积极性是大有帮助的。这样的总经理如果还能和员工经常沟通、交流，那么对于员工来说，就是巨大的自我肯定。

某企业的工厂长每天走到工厂门口时，都会和员工打招呼。还有一家企业的总经理，利用上午一小时的时间和员工进行沟通交流。还有的企业，只要员工提出需求，就会安排直接与高层见面的日期，以便员工和高层之间能开展沟通。方式是多种多样的，高层自身意识到了需要采用一些方法来和员工面对面。

高层沟通对于派驻当地的日本员工同样必要，高层要对每一位派驻员工明确地传达他们的职责。有意识地开展沟通交流，当然也需要积极地创建这样的场合和机会。高层也要经常反问自己，是否站在了员工角度去考虑问题，在和员工交流时一定要打开心扉。

心得4　钻研如何引导大家的行动

相较于日本国内的举措，海外工厂的经营管理更需要花功夫去做。虽然任何一家企业都在强调延续很重要，但海外工厂的高层一般都是3年、5年一换。要延续3年、5年，要花费很多精力。经营管理方式是运用日本国内培育起来的方式方法，在这里，着重为大家介绍几个有代表性的，应该注意的方面：

①定期化

定时会议、周一会议等，在规定的时间做规定的事情，这一点很关键。当然，也有突然召开的会议，但养成定期实施的习惯是很有效的。要判断会议、讨论是否必要，可以先明确判断需不需要开会的确认事项。

在第 1 章的"秘诀 8"中介绍的"1pm/1am 会议"就是一个很好的例子。每天，午餐后的 1 点钟和夜班的凌晨 1 点钟，对于需事前确认的内容，防止同样的错误再次发生的措施等，都由现场的负责人自己进行准备。将会议、讨论定期化是经营管理的第一步。

②可视化

现场管理中，要让眼睛看到是至关重要的一点。想做什么，做到了什么程度，要好好地展示出来，让相关人员建立起共同的认识。语言、习惯不同的现场，如果用一目了然的图示形式进行可视化，将带来良好的效果。

为了进行可视化，必须要明确"应该管理的事项""应该做的事项"。即使制定了要实现的目标，如果没有针对目标应该做什么的执行计划，这一目标当然无法实现。为此，管理者要制订和准备周详的计划。信息共享、步骤、样式标准化、平台化等都需要考虑到。

有了明确的目标和计划，就可以追溯到每一个对策的结果，工厂整体做好这件事情，就能够实现事业计划的可视化。

③自立化、自主运营的促进

现场的经营管理中，各管理层要开展对现场负责人的培养。

在几家最强工厂当中，会让现场负责人参与日常的管理人员讨论，利用制造部部长巡视、厂长巡视的机会，让他们去看指导的现场。在这时，如果想提出问题，就可以积极地提出来。

通过创造这样的机会，给现场负责人展示经营管理的应有方式，以及应有的自立状态，培养负责人，他们能够自主进行运营。虽然组建仅由现场员工组成的改善小组，交流场所也很有效，但要投入一定的精力去创造这样的机会。

心得5 培养个人，并让他们形成组织的一体感

实现最强工厂的一个重要方面是时刻意识到个人与整体。工厂要持续运营，一步一个脚印地发展，挖掘当地有能力的人才，并培养下一代的管理干部是必不可少的。掌握并提升每一名当地员工的能力，将会使工厂整体的实力得到提升。

另一方面，企业、工厂是一个整体在工作，这也需要强调。大部分企业会开展各种活动，创造经营干部与员工交流的机会，全体员工参加当地的互动。

每一名员工都能方便工作的环境，与组织的一体感，都是要通过这些平日的活动逐渐培养起来的。各家企业会开展各种各样的活动，但更重要的是这些活动要让员工产生期待感。开展这些活动时被选到的员工要策划、组织，从而让形成组织一体感的事例也能在最强工厂中挖掘到。

"培养个人，形成组织一体感"是需要高层有意识去实施的

内容之一。

心得 6　成为扎根于当地的企业

建设海外工厂的目的要开拓销路，稳定供应，确保优质的劳动力，对应全球化供应链，确保基础设施、资源（电力、水、能源、广阔的土地）、客户要求等。

然而，日本企业走出海外时，经过一段时间后就会成为当地社会一个巨大的组成部分。在进驻当初和现在，工厂在所在地区所发挥的职责有什么变化，这是需要工厂高层掌握的，在这方面需要建立起新的认识。为此，对工厂设立以后的生产数量推移、人事、组织的变化、人才培养、实施项目等工厂历史进行回顾是很有必要的，同时也是重新审视工厂愿景的好机会。

愿景是工厂在当地要达到什么状态的宣言，也是对参与者发布的讯息，要想让企业扎根于当地，就要珍视地区社会，与住在当地的人们、员工、供应商、顾客这些所有的参与者，构建双赢的关系。

心得 7　取决于高层行动的"贯彻"与"坚持"

工厂高层的行动常常受到员工们的关注。某家最强工厂的工厂长到任时一开始就定下来"自己要在开工前进入工厂"，原因据说是他了解到之前的工厂长常常 10 点钟才上班。这或许是一个很极端的例子，但习惯以后，自己虽然没有注意到，周围的人可能也会觉得不可思议。所以需要反省自己的行为。

经营管理的要义是运行 PDCA 循环，但如果高层不亲自示范，就难以获得员工的信赖。高层不能只在口头上号召，而是要带头示范和坚持，这是很重要的。

某家工厂的高层，对工厂过去的目标及措施认真地进行了整理，并理解了前一任经营层的实施内容，在此基础上确定自己的方针。例如，前一任经营者实施的"优先考虑基本技能的掌握，设立技能道场"措施，自己则实施"活用与深化基本技能学习机制"的措施，还提出"尽早地扩大到当地员工"，实施的具体内容能体现出这当中的过程。对于该延续的事情就坚持下去，用行动来体现坚持。在经营管理中，贯彻与坚持这两点是需要时刻铭记的。

获得最强工厂大奖的企业一览表

2011年（第1回）

获奖企业名称（按日语五十音图顺序排列）	获奖部门	所在地
奥林巴斯 会津奥林巴斯	产品制造 流程革新奖	日本（福岛县）
东芝 东芝信息机器菲律宾公司 [ToshibaInformationEquipment（Phils.）(TIP）]	工厂经营 管理革新奖	菲律宾 （拉古纳）
丰田汽车（※两家企业共同申请） ToyotaMotorAsiaPacificEng.&Mfg.(TMAP –EM) Toyota Motor Thailand(TMT)	产品制造 人才培养贡献奖	泰国 （沙没巴干）
富士施乐 FujiXeroxof　SHENZHEN	产品制造 CSR贡献奖	中国（深圳）
雅马哈 PT.YamahaMusicMfg.Asia（YMMA）	产品制造 人才培养贡献奖	印尼 （贝卡西）

2012年（第2回）

获奖企业名称（按日语五十音图顺序排列）	获奖部门	所在地
东丽 P.T. Easterntex	工厂 经营管理奖	印尼 （苏拉巴亚）
东丽 东丽合成纤维（南通）	产品制造 人才培养贡献奖	中国（南通）
丰田纺织 Toyota Boshoku Gateway（Thailand）	产品制造 流程革新奖	泰国 （Gateway）
日产汽车 东风日产乘用车公司 广州风神汽车	产品制造 经营管理奖	中国（广州）
Panasonic 广州松下空调器	产品制造 流程革新奖	中国（广州）
富士通（※两家企业共同申请） 岛根富士通/富士通ISOTECH PT.YamahaMusicMfg.Asia（YMMA）	产品制造 CSR贡献奖	日本（岛根县） 日本（福岛县）

2013年（第3回）

获奖企业名称（按日语五十音图顺序排列）	获奖部门	所在地
味之素 泰国味之素 甘烹碧事业所	产品制造 CSR贡献奖	泰国 （甘烹碧）
小岛冲压工业 总部・下市场工厂	工厂 经营管理奖	日本（爱知县）
东芝 SEMI-CONDUCTOR&storage公司 四日市工厂	产品制造 经营管理奖	日本（三重县）
东芝 东芝信息机器杭州公司（TIH）	产品制造 流程革新奖	中国（杭州）
丰田汽车 Toyota Kirloskar Motor（TKM）	产品制造 人才培养贡献奖	印度 （班加罗尔）
三菱电机 Siam Compressor Industry（SCI）	工厂 经营管理奖	泰国 （春武里）

2014年（第4回）

获奖企业名称（按日语五十音图顺序排列）	获奖部门	所在地
DAIKIN工业 大金空调（上海）	工厂经营管理奖	中国（上海）
东丽 东丽塑料（深圳）	工厂经营管理奖	中国（深圳）
日本电气/NEC Platforms NEC Platforms Thai	产品制造 人才培养贡献奖	泰国（巴吞他尼）
日立金属 Hitachi Metals（Thailand）	工厂经营管理奖	泰国（大城）
MISUMI 集团总部 骏河生产Platform	产品制造 流程革新奖	日本（静冈县）

2015年（第5回）

获奖企业名称（按日语五十音图顺序排列）	获奖部门	所在地
KOMATSU KOMATSU粟津工厂	产品制造CSR贡献奖	日本（石川县）
DAIKIN工业 DAIKIN INDUSTRIES（THAILAND）	工厂经营管理奖	泰国（春武里）
DENSO DENSO（THAILAND）	产品制造 人才培养贡献奖	泰国（春武里）
东芝 东芝CAREER富士工厂	工厂 经营管理奖	日本（静冈县）
东丽 PENFABRIC BERHAD	工厂经营管理奖	马来西亚 （槟城）
丰田纺织 广州樱泰汽车饰件	产品制造 流程革新奖	中国（广州）
日产汽车 SNN TOOLS & DIES	工厂经营 管理奖	泰国 （北榄）
日立AUTOMOTIVE SYSTEMS 日立汽车系统（苏州）	产品制造 人才培养贡献奖	中国（苏州）

获得最强工厂大奖的企业一览表

2016年（第6回）

获奖企业名称（按日语五十音图顺序排列）	获奖部门	所在地
NEC NEC NETWORK PRODUCTS	工厂经营管理奖	日本（福岛县）
OLYMPUS 长野OLYMPUS	工厂经营管理奖	日本（长野县）
丰田汽车 PT.Toyota Motor Mfg. Indonesia （TMMIN）	工厂经营管理奖	印尼 （西爪哇）
东丽 Thai Toray Synthetics Ayutthaya Factory	产品制造 流程革新奖	泰国（大城）
Panasonic PanasonicECOSynthetics	工厂经营管理奖	日本（爱知县）
PANASONICAPPLIANCE 无锡松下冷机	产品制造 人才培养贡献奖	中国（无锡）

2017年（第7回）

获奖企业名称（按日语五十音图顺序排列）	获奖部门	所在地
NEC NEC PLAFORMS甲府事业所	工厂经营管理奖	日本（山梨县）
花王 花王 和歌山工厂	工厂经营管理奖	日本（和歌山县）
DAIKIN工业 大金机电设备（苏州）	工厂经营管理奖	中国（苏州）
丰田纺织 丰田纺织 河内	产品制造 流程革新奖	越南（河内）
Panasonic ECOSOLUTION公司 Lighting事业部 新泻工厂	工厂经营管理奖	日本（新泻县）
富士施乐 富士 XeroxManufacturing铃鹿事业所	工厂经营管理奖	日本（三重县）

执笔人介绍

(工作职务依据2017年4月信息)

斋藤彰一

日本能率协会咨询株式会社

常任顾问高级咨询师（执笔序章、第3章、第6章、第7章、终章）

GOOD FACTORY 奖审查委员

技术士（生产管理）

全日本能率连盟主任经营管理咨询师

国际认证：CNC12095、MTM 讲师

石山真实

日本能率协会咨询株式会社咨询

高级咨询师（执笔第4章、第7章）

GOOD FACTORY 奖审查委员

MOST 讲师

全日本能率连盟主任经营管理咨询师

执笔人介绍

石田秀夫

株式会社日本能率协会咨询师

主任咨询师（执笔第 2 章、第 7 章）

GOOD FACTORY 奖审查委员

久保田　英挥

日本能率协会一般社团法人

经营人才中心　育人组长（执笔第 5 章）

广濑纯男

日本能率协会一般社团法人

KAIKA 中心　JMA 经营管理研究所

主管研究员（执笔序章、第 1 章、第 5 章、第 7 章）

GOOD FACTORY 审查委员会

〒100-0003 东京都千代田区一ッ桥 1-2-2
一般社团法人 日本能率协会
KAIKA 中心 JMA 经营管理研究所
TEL：3-3434-0380
FAX：03-3434-6330
E-mail：Sumio_ Hirose@ jma.or.jp

结　语

GOOD FACTORY 自设立起已经过去了七年。

回顾过去，在 2010 年策划这个奖项时，是因为在考察很多中国、东南亚地区的日系制造业的过程中，日本人融入当地开展工厂运营的姿态实在让人震惊。

这里面饱含着日本员工与当地员工超越国家、语言的"用心"，我们衷心地希望将聚光灯汇集到这些难以被发现的努力上，并介绍给产业界，于是便开始了这个奖项的策划。

幸运的是，在这七年的时间里已有来自中国、泰国、马来西亚、菲律宾、越南、印度、印尼、日本的八个国家，共 44 家企业获得最强工厂大奖，他们的努力能以"GOOD FACTORY 打造最强工厂的 48 个秘诀"这种形式在本书进行介绍，令人欣喜。

这 48 个秘诀当中哪怕能有一个能为读者们所在的工厂发挥作用，就是对执笔团队最大的回馈了。

特别感谢大力协助本书出版的各家获奖企业，各位审查委员，负责编辑的生产技术情报中心的梶文彦先生、日经 BP 的大塚叶先生、日经 BP 咨询的佐佐木努先生、日本经济广告

结 语

公司的高桥健一先生、友保仁实先生。另外，还要衷心感谢倡议设立最强工厂大奖的 JMA 中村正己会长以及 JMA 的各位官员。

2017 年 10 月

一般社团法人　日本能率协会

最强工厂研究会

一般社团法人日本能率协会
GOOD FACTORY 研究会

  日本能率协会（JMA）是昭和十七年（1942年）成立的经营管理组织，旨在回应产业界对生产能率增进的需求。主要开展与经营管理相关的调查、研究、信息收集与提供，人才培养、指导等，以实现企业、组织等的经营革新，振兴日本经济。JMA通过 GOOD FACTORY 研究会开展的是，对获得"GOOD FACTORY 大奖"（于 2011 年设立的面向亚洲地区优良工厂的表彰制度）的企业的成功原因进行探索，以评奖委员为核心的活动。

东方出版社助力中国制造业升级

5S推进法
定价：28.00 元

生产计划
定价：32.00 元

不良品防止对策
定价：32.00 元

生产管理
定价：32.00 元

生产现场最优分析法
定价：32.00 元

标准时间管理
定价：32.00 元

现场改善
定价：30.00 元

丰田现场的人才培育
定价：30.00 元

库存管理
定价：32.00 元

采购管理
定价：28.00 元

TPM推进法 定价：28.00元	**BOM物料管理** 定价：36.00元
成本管理 定价：30.00元	**物流管理** 定价：32.00元
新工程管理 定价：32.00元	**工厂管理机制** 定价：32.00元
知识设计企业 定价：38.00元	**本田的造型设计哲学** 定价：26.00元
佳能单元式生产系统 定价：36.00元	**丰田可视化管理方式** 定价：22.00元

定价：32.00元 　　　　　　　　　定价：36.00元

定价：36.00元 　　　　　　　　　定价：36.00元

定价：38.00元 　　　　　　　　　定价：28.00元

定价：38.00元 　　　　　　　　　定价：36.00元

定价：38.00元 　　　　　　　　　定价：36.00元

精益制造031 TQM 全面品质管理	精益制造032 丰田现场完全手册
定价：36.00元	定价：46.00元
精益制造033 工厂经营	精益制造034 现场安全管理
定价：38.00元	定价：42.00元
精益制造035 工业4.0之3D打印	精益制造036 SCM供应链管理系统
定价：49.80元	定价：38.00元
精益制造037 成本减半	精益制造038 工业4.0之机器人与智能生产
定价：38.00元	定价：38.00元
精益制造039 生产管理系统构建	精益制造040 工厂长的生产现场改革
定价：45.00元	定价：52.00元

工厂改善的101个要点 定价：42.00 元	PDCA 精进法 定价：42.00 元
PLM产品生命周期管理 定价：48.00 元	读故事学懂丰田生产方式 定价：58.00 元
零件减半 定价：48.00 元	成为最强工厂 定价：58.00 元
经营的原点 定价：58.00 元	供应链经营入门 定价：42.00 元
工业4.0之数字化车间 定价：58.00 元	流的传承——融合于丰田 大野耐一 定价：58.00 元

定价: 58.00 元    定价: 58.00 元

定价: 58.00 元    定价: 58.00 元

定价: 58.00 元    定价: 68.00 元

定价: 68.00 元    定价: 68.00 元

定价: 68.00 元    定价: 68.00 元

定价：68.00 元   定价：68.00 元

日本制造业 · 大师课

手机端阅读，让你和世界制造高手智慧同步

片山和也：
日本超精密加工技术
系统讲解日本世界级精密加工技术，介绍日本典型代工企业

国井良昌：
技术人员晋升 · 12 讲
成为技术部主管的12套必备系统

山崎良兵、野々村洸，等：
AI 工厂：思维、技术 · 13 讲
学习先进工厂，少走 AI 弯路

高田宪一、近冈裕，等：
日本碳纤材料 CFRP · 11 讲
抓住 CFRP，抓住制造业未来20年的新机会

中山力、木崎健太郎：
日本产品触觉设计 · 8 讲
用触觉，刺激购买

高市清治、吉田胜，等：
技术工人快速培养 · 8 讲
3套系统，迅速、低成本培育技工

近冈裕、山崎良兵，等：
日本轻量化技术 · 11 讲
实现产品轻量化的低成本策略

近冈裕、山崎良兵、野々村洸：
日本爆品设计开发 · 12 讲
把产品设计，做到点子上

近冈裕、山崎良兵、野々村洸：
数字孪生制造：
技术、应用·10讲
创新的零成本试错之路，智能工业化组织的必备技能

吉田胜：
超强机床制造：
市场研究与策略·6讲
机床制造的下一个竞争核心，是提供"智能工厂整体优化承包方案"

吉田胜、近冈裕、中山力，等：
只做一件也能赚钱的工厂
获得属于下一个时代的，及时满足客户需求的能力

内容合作、推广加盟
请加主编微信

图字：01-2019-1464 号

GOOD FACTORY SAIKYO NO KOJO WO TSUKURU 48 NO KUFU written by
Japan Management Association.
Copyright © 2017 by Japan Management Association. All rights reserved.
Originally published in Japan by Nikkei Business Publications, Inc.
Simplified Chinese translation rights arranged with Nikkei Business Publications, Inc.
through Hanhe International (HK) Co., Ltd.

图书在版编目（CIP）数据

打造最强工厂的 48 个秘诀／日本一般社团法人日本能率协会 GOOD FACTORY 研究会 著；龙蔚婷 译. —北京：东方出版社，2020.7
（精益制造；064）
ISBN 978-7-5207-1544-7

Ⅰ.①打… Ⅱ.①日…②龙… Ⅲ.①制造工业—工业企业管理—案例—日本 Ⅳ.①F431.36

中国版本图书馆 CIP 数据核字（2020）第 087826 号

精益制造 064：打造最强工厂的 48 个秘诀
(JINGYI ZHIZAO 064: DAZAO ZUIQIANG GONGCHANG DE 48GE MIJUE)

作　　者：	日本一般社团法人日本能率协会 GOOD FACTORY 研究会
译　　者：	龙蔚婷
责任编辑：	崔雁行　高琛倩
出　　版：	东方出版社
发　　行：	人民东方出版传媒有限公司
地　　址：	北京市朝阳区西坝河北里 51 号
邮　　编：	100028
印　　刷：	北京文昌阁彩色印刷有限责任公司
版　　次：	2020 年 7 月第 1 版
印　　次：	2020 年 7 月第 1 次印刷
开　　本：	880 毫米×1230 毫米　1/32
印　　张：	8.875
字　　数：	161 千字
书　　号：	ISBN 978-7-5207-1544-7
定　　价：	88.00 元

发行电话：(010) 85924663　85924644　85924641

版权所有，违者必究
如有印装质量问题，我社负责调换，请拨打电话：(010) 85924602　85924603